Werner Milstein

Frère Roger, Taizé
für Frieden und Gerechtigkeit

Wäre das Vertrauen des Herzens
aller Dinge Anfang,
du kämest weit, sehr weit.

Frère Roger

Werner Milstein

Frère Roger, Taizé

für Frieden und Gerechtigkeit
Ein Portrait

NEUKIRCHENER
VERLAGSHAUS

Verlagsgesellschaft des Erziehungsvereins mbH, Neukirchen-Vluyn
www.nvg-medien.de
Titelgestaltung: Hartmut Namislow, Essen
Foto Titelseite: © KNA Bild
Satz und Layout: Werner Milstein
Gesamtherstellung: Fuck-Druck, Koblenz
Printed in Germany
ISBN 13: 978-3-7975-0127-1
ISBN 10: 3-7975-0127-7
Bestell-Nr.: 600 127

Dem Kreiskantor Heinz-Hermann Grube danke ich für das interessante und instruktive Gespräch über die Taizé-Gesänge.

Frère Alois und Frère Wolfgang danke ich für die freundliche Aufnahme in Taizé, die vielen Hinweise und den offenen Gedankenaustausch. In herzlicher Verbundenheit widme ich ihnen und den Brüdern von Taizé dieses Buch.

Inhaltsverzeichnis

1. „Laudate omnes gentes"

Die Glocken haben auch an diesem Abend zum Gebet gerufen. Und es war wie immer gewesen. Menschen aus den unterschiedlichsten Ländern, vor allem Jugendliche, kamen in die Kirche der Versöhnung von Taizé, um gemeinsam zu beten, zu singen und die Stille zu erleben.
Warmes Licht empfing die Gottesdienstbesucher, aus einer Vielzahl von Kerzenlichtern breitete es seinen Glanz im Kirchenraum aus. Im Grunde ist es ein schlichtes und nüchternes Gebäude. Frère Roger erschrak anfangs, als er die großen Säulen aus Beton sah, die das Dach tragen sollten. Ist das nicht alles viel zu groß, fragte er sich. Die Antwort ließ nicht lange auf sich warten, die Menschen füllten das Gebäude, und es reichte nicht, es reicht immer wieder nicht. Ein Anbau folgte auf den anderen.
Der Blick geht zum Altar. Einige Stufen führen hoch, der Altar ist wie aus Licht gebaut. Orangefarbene Tücher sind vor der Wand aufgespannt, es ist die Farbe des Lebens. Mehr noch, diese Farbe gilt symbolisch als das Gold der Armen. Und Gold wieder herum gilt als die Farbe der Herr-

lichkeit Gottes, so leuchtet sie in unser Leben hinein und erfüllt es mit seinem Glanz. Unser Alltag ist oft genug so nüchtern, so viele Aufgaben und auch Sorgen bestimmen ihn. Viel zu leicht und viel zu oft vergessen wir, dass das Leben eine andere Dimension hat, die leuchtet und strahlt, die unseren Alltag durchwirken will. Es ist keine Herrlichkeit, die fern von den Menschen ist, sie gehört auch denen, wohl vor allen denen, die „arm" sind, die oft kaum das Überleben haben; wie auch denen, die arm sind, weil ihr Leben jeglichen Halt und jedes Ziel verloren hat, oder die arm sind, weil sie das alles aus dem Blick verloren haben und erst jetzt spüren, was ihnen fehlt.
Ein wenig provisorisch sieht es schon aus, es wirkt wie für den Augenblick geschaffen und dahin gestellt. Man wird an Segel erinnert. Die Bibel erzählt von den Jüngern, die mit Jesus auf den See Genezareth herausgefahren sind. Das Schiff ist zum Symbol der Christenheit geworden. Wir müssen uns losmachen von vertrauten Ufern, wir sind darauf angewiesen, dass wir getragen und gehalten werden. Und wir erleben auch Stürme und müssen durch Untiefen, wir erleben es in der großen Weltgeschichte wie auch in der ganz persönlichen Lebensgeschichte. Und wir erfahren ebenso, wie beides oft miteinander verbunden ist. Der Glaube ist dieses Wagnis, wir müssen uns dem immer wieder ausliefern. Aber uns gilt dabei auch die Zusage, die Jesus seinen Jüngern gemacht hat, dass er bei uns ist, dass er uns nicht verlässt. Wir können ihm vertrauen, sagt die Bibel, sagen die vielen, die sich auf dieses Wagnis eingelassen haben. Einer von ihnen war auch Frère Roger. Ist daran gedacht, ist das gemeint?
Die Tücher gleichen einem Zelt. Wir waren Nomaden und sind es im Grunde geblieben, wir haben uns häuslich eingerichtet in unserer Welt, aber das wird nicht auf Dauer sein. Wir müssen immer wieder aufbrechen, müssen die Zelte abbrechen, um sie woanders wieder aufzustellen,

und auch das nur auf Zeit. Der Gedanke, dass wir irgendwo bleiben könnten, ist trügerisch. Wir kommen an und wissen, dass wir auch wieder Abschied nehmen müssen. Wir sind Gäste, immer nur Gäste. Wir vergessen das, wir richten uns ein für die Ewigkeit. Die Tücher, leuchtend orangefarben, wirken fast wie eine Kulisse, aber sie sind es nicht. Sie erinnern daran, dass auch dieser Ort nur eine Station ist. Er ist wie ein Zelt, das auf einem langen Weg aufgeschlagen worden ist. Wenn Israel auf seinem Zug durch die Wüste Halt machte, dann schlug es Zelte auf, für Gott und für sich. Der Exodus ist zum Symbol des Volkes geworden und geblieben, Gott hat es aus Ägypten befreit, und es befindet sich auf diesem langen Weg durch die Geschichte. Von Gott befreit und geführt, so bekennt es noch heute.
Dieses Bild ist im Neuen Testament aufgenommen worden; der Hebräerbrief spricht vom wandernden Gottesvolk und meint damit die Christen, die Jesus nachfolgen. Das Zelt erinnert daran, dass alles nur vorläufig ist, wir sind noch nicht am Ziel. Wir machen Station, immer wieder. Auch die

Der Altar in der Kirche der Versöhnung

Kirche muss auf dem Weg bleiben, muss mit den Ärmsten diesen Weg gehen und ihnen nicht von der Seite weichen. Ist vielleicht das gemeint? Frère Roger wusste dieses, und er hat es zu seiner Aufgabe gemacht. Er hat es gelebt mit all den anderen Brüdern der Communauté von Taizé.
Segel eines Schiffes oder Tücher eines Zeltes? Wahrscheinlich ist beides gemeint. Symbole sind offen für ihre Deutung, und sie gewinnen erst ihre Bedeutung, wenn es gelingt, sie in das eigene Leben hineinzunehmen. Taizé ist das Angebot, das zu versuchen. Es ist die Einladung an alle, sich aufzumachen. Auch an diesem Abend waren viele dieser Einladung gefolgt.
In der Mitte der Kirche der Versöhnung saßen die Brüder der Communauté, der Prior hatte am Ende seinen Platz. Aber da mit den Jahren das Gebäude immer mehr erweitert wurde, rückte auch er immer mehr nach hinten. Er wollte gerade denen nahe sein, die nur noch am Rande einen Platz gefunden hatte. Eine Frau kam plötzlich auf ihn zu, mit einem Messer stach sie sogleich auf ihn ein. Es ging alles schnell, zu überrascht waren alle. Die Frau war in Taizé bereits aufgefallen, wahrscheinlich war sie psychisch krank. Ohne Gegenwehr ließ sie sich abführen. Es waren nur Minuten – Frère Roger, Gründer der Gemeinschaft von Taizé, war tot.
Einer der Brüder stimmte das Lied „Laudate omnes gentes" an, es ist vielleicht der bekannteste der Gesänge aus Taizé. Aber ein Aufruf zum Lob, das alle Völker singen sollen, ist das die richtige Antwort? Ist jetzt nicht vielmehr die Zeit für ein Klagelied gekommen oder doch zumindest ein Trauerlied, und wenn nicht dieses, dann wenigstens ein Lied, das tröstet? Dennoch, das Lob erfüllte den Raum, alle nahmen seine Worte auf, und vielstimmig erklang es in der Kirche. Unwillkürlich wurde damit ein Zeichen der Versöhnung gesetzt, der Versöhnung zwischen den Menschen trotz Leid, Krieg und Tod. Und Versöhnung ist möglich, weil es die

Liebe gibt, die stärker ist als Hass, Angst und auch als der Tod. Frère Roger hat von dieser Liebe gezehrt, er hat sie gelebt, er hat sie weitergegeben. Er wusste, dass er sie nicht aus sich heraus hat, und er wusste auch, dass sie bleibt. Sie bleibt über den Tod hinaus. Frère Roger hatte eine Vorliebe für die orthodoxe Kirche, denn sie hat in ihren Kirchen und ihren Liturgien das Wissen um die Herrlichkeit Gottes bewahrt, die allen Völkern gilt. In ihren Gottesdiensten feiert sie in großartigen Gesängen die Auferstehung Jesu Christi. Am Ende bleibt die Hoffnung, die Zuversicht, ja auch die Gewissheit.

„Laudate omnes gentes" wurde angestimmt, um dem Tod zu trotzen. Nichts darf das Gebet unterbrechen, selbst der Tod nicht. Das Lob wurde weitergetragen durch diese Nacht, in den nächsten Morgen hinein und durch den Tag hindurch, den folgenden und alle weiteren. Wir sind noch nicht am Ziel, vielleicht sind wir erst am Anfang, womöglich sind wir immer wieder am Anfang.

Das Volk in der Wüste, das wandernde Gottesvolk – Christen, die Station machen, in Taizé wie an anderen Orten, die sich sammeln und doch auch wissen, dass sie wieder aufbrechen müssen. Eine Woche in Taizé ist eine Station im Leben eines Menschen, aber auch das Leben ist nur eine Station auf einem langen Weg.

Selbst nach diesem Abend, dem 16. August 2005, ging am nächsten Morgen der Klang der Glocken über das Tal von Taizé. Frère Roger hat in einem seiner Bücher geschrieben, dass es für ihn einmal die Situation gegeben hatte, in der er sein Leben bedroht fühlte. Er hatte da nur einen Wunsch gehabt, dass weitergeführt wird, was er begonnen hat. Lange vor seinem Tod hatte er seinen Nachfolger bestimmt. Taizé wird weiterbestehen, es wird weiter Ziel vieler Menschen, vor allem vieler Jugendlicher, sein. Aber es wird nicht zu lösen zu sein von dem Wirken und der Lebensgeschichte Frère Rogers.

2. „Das Leben ist schön. Und Gott ist gut."

„Oh, Roger hat etwas gesagt", die sieben Mädchen tuschelten und kicherten. Ihr kleiner Bruder war verlegen, geradezu schüchtern. Sie zogen ihn ein wenig auf deswegen. Den Namen Roger hatten seine Schwestern ausgesucht. Sie fanden vielleicht seinen Klang schön, ihr Bruder mochte ihn auf jeden Fall auch. Im Taufregister der kleinen Gemeinde Provence im Schweitzer Kanton Waadt, in der Nähe von Neuchâtel, stand der volle Name eingetragen: Roger Louis Schutz-Marsauche. Am 12. Mai 1915 kam er als jüngstes von neun Kindern zur Welt. Sein Vater, Charles Schutz, war reformierter Pfarrer in Provence gewesen. Er hatte in Berlin, Paris und der Schweiz studiert und sich intensiv mit dem Neuen Testament beschäftigt. Ihm waren die Quellen des Glaubens die entscheidende Grundlage seines Lebens gewesen. Auf seinem Nachttisch sah Roger das Buch von der „Nachfolge Christi" liegen, das der Theologe Thomas von Kempen geschrieben hatte und das vom Ernst der Nachfolge handelt. Die Wahrhaftigkeit des Lebens war

Die Mutter und die Großmutter mit den neun Kindern, Roger ist das zweite Kind von links

dem Vater wichtig gewesen. Schon früh morgens ging er zum Gebet in die Kirche, bisweilen sah ihn der Sohn auch in die katholische Kirche gehen. Der Sohn schaute ihn an, der Vater aber schwieg. Durch sein einfaches Handeln setzte er Zeichen.

Die Mutter, Amélie Marsauche, war eine offene und herzliche Frau. In Paris hatte sie Gesangunterricht bekommen. Abends, wenn Roger im Bett lag und die Tür nur angelehnt war, hörte er sie manches Mal singen. Die Großtante Caroline Delachaux hatte vier Jahre Musik in Weimar studiert, ihre Examensurkunde trug die Unterschrift von Franz Liszt. Sie hatte den Schwestern Rogers Pianounterricht erteilt, sodass die drei Klaviere im Haus immer gespielt wurden. Als besonders begabt zeigte sich Geneviève, die Jüngste. Es wurde viel gesungen und gespielt im Hause Schutz, aber auch Musik gehört. Roger setzte sich in eine einsame Ecke und lauschte den Melodien von Bach und Chopin und immer wieder von Tschaikowsky. Manchmal kam es auch vor, dass er vor Glück weinte.

Viel Geld hatte die Familie nicht zur Verfügung, sie musste haushalten. Trotzdem, man war offen und gastfreundlich. Am langen Tisch fanden viele Platz, und eines Tages brachten die Schwestern Roger auf die Idee, Blumen zu pflücken und so den Tisch zu den Mahlzeiten zu schmücken. Die Bilder aus dieser Zeit haben ihn sein ganzes Leben begleitet. Von einem Haus, das wie sein Elternhaus offen ist und stets viele Gäste hat, träumte er. Und er wusste auch, wie es mit einfachen Mitteln zu gestalten war, damit sich andere in ihm wohl fühlen.

Die Erziehung war streng gewesen, als Junge durfte er nicht weinen. Eine Italienerin, die im Haushalt half, hatte die Aufgabe, den Jungen morgens zu waschen. Selbst im Winter wurde das Wasser nicht gewärmt. „Ich mache ganz schnell", versprach sie ihm. Sie fühlte mit ihm, und das tat dem Jungen gut. Die Eltern legten Wert auf eine har-

monische Atmosphäre, niemals wurde im Haus geschrien. Die Mutter konnte sich nur vorstellen, dass jemand, der zornig wird, laut und ausfallend, verrückt sein musste. Sie bemühte sich um Frieden und Vertrauen in der Familie.
Es wurde auch viel gelesen und vorgelesen im Haus. Da gab es das Buch über die „Geschichte von Port-Royal", die Charles-Augustin Sainte-Beuve verfasst hat. Im Mittelpunkt steht das Mädchen Angélique Arnauld, die von ihrem Großvater gegen ihren Willen schon als Kind zur zukünftigen Äbtissin des Klosters Port-Royal-des-Champs ernannt wird. Sie wehrt sich dagegen. Erst als sie, mittlerweile siebzehnjährig, eine Predigt über die Gnade hört, die Gott jedem Menschen schenkt, ändert sich ihre Einstellung und ihr Leben. Sie nimm ihren Auftrag an. Roger beeindruckte das Gemeinschaftsleben der Frauen, und er fragte sich: „Könnte dasselbe nicht auch für einige Männer gelten, die sich zu einem gemeinsamen Leben zusammenschließen?"
Zu den Personen, die den größten Eindruck in seinem Leben hinterlassen hatten, gehörte auf jeden Fall seine Großmutter Marie-Louise Marsauche-Delachaux. Noch im hohen Alter konnte er sich gut an ihre Ankunft bei seinen Eltern erinnern, obwohl er da erst vier Jahre alt war. Alle waren aufgeregt gewesen, und am Abend war sie endlich da, mit einem Auto war sie gekommen. Die Fahrt hatte sie so erschöpft, dass sie einen Schwächeanfall bekam. Sie lebte in Nordfrankreich in der Nähe eines Kampfgebietes des Ersten Weltkrieges, sogar bis in ihren Garten gelangten die Bomben und rissen tiefe Krater. Dennoch blieb sie, zusammen mit ihrer Schwiegertochter und einem Enkel nahm sie die Menschen auf, die unter dem Krieg am meisten leiden mussten: Alte, Kranke, Schwache und Schwangere. Sie hätte noch weiter ausgeharrt, aber die französischen Offiziere konnten sie gerade noch zur Abreise überreden. Am Ende verließ sie mit den Flüchtlingen ihr Haus und fuhr mit dem letzten Zug in ihre Heimatstadt Paris.

Als dort neben ihrer Unterkunft eine große Bombe einschlug, floh sie weiter, bis sie zuletzt in der Schweiz ankam. „Es darf nie mehr geschehen, was ich durchmachen musste", sagte sie der Familie eindringlich. Sie konnte es nicht verstehen, wie Christen aufeinander schießen konnten, vielmehr sollten sie sich versöhnen und so einen neuen Krieg verhindern helfen. Und zum Zeichen der Versöhnung ging sie, die aus einer alten evangelischen Familie stammte, zur Messe in die katholische Kirche und empfing dort auch die Kommunion.

Die Großmutter Marie-Louise Marsauche-Delachaux

Rogers Eltern bewunderten sie, weil sie ihr Leben für die Armen aufs Spiel gesetzt hatte, und sagten, sie sei eine Heilige. Neben dem Bild seiner Mutter wird Frère Roger später auch das Bild seiner Großmutter in seinem Zimmer aufstellen. Für ihn war sie das ermutigende Vorbild dafür, wie es gelingen kann, evangelische und katholische Christen zu versöhnen, ohne dass einer von ihnen verletzt wurde oder sogar die Konfession aufgeben musste.

Als Roger zur Höheren Schule wechseln musste, suchten die Eltern eine Familie, die ihn in Pension nehmen konnte. Es bestand die Wahl zwischen einer evangelischen und einer katholischen Familie. Die letztere bestand aus einer Witwe, die für sich und ihre Kinder sorgen musste. Sie war auf das Geld angewiesen. Für die Eltern war die Entscheidung klar; dass sie katholisch war, störte sie nicht.
In der Schule wurde über die Abstammungslehre von Charles Darwin gesprochen, nach der sich die einzelnen Tierrassen in einem Evolutionsprozess entwickelt haben, und so ist, lehrte der Wissenschaftler, auch der Mensch entstanden. Nicht zuletzt dadurch kam Roger in eine Glaubenskrise, er spürte in sich eine tiefe Leere. Er beschäftigte sich mit Blaise Pascal, dem französischen Philosophen, für den der Glaube eine Herzensangelegenheit war. In seinen „Pensées sur la religion", seinen Gedanken über die Religion, steht: „Es gibt zwei Arten vernünftiger Menschen: diejenigen, die Gott von ganzem Herzen dienen, weil sie ihn kennen. Und die, die Gott von ganzem Herzen suchen, weil sie ihn noch nicht gefunden haben."
Roger schaute um sich und erkannte, von wie vielen Menschen er umgeben war, die glaubten. Er zweifelte nicht daran, dass es Gott gibt, aber er sah keine Möglichkeit, mit ihm Gemeinschaft haben zu können. Er stützte sich auf den Glauben der Menschen um ihn, ihnen vertraute er, und ihr Glaube hat ihn durch diese Zeit getragen.
Roger wurde schwer krank in diesen Jahren, eine Lungentuberkulose bedrohte sein Leben. Er musste mit seinem Tod rechnen. Er las viel in dieser Zeit, wanderte und dachte über sein Leben nach. Er merkte, dass die Seele noch mehr auf Heilung angewiesen ist als der Körper. Und er machte dabei die Erfahrung, dass in dieser Zeit des Leidens im Menschen Kräfte wachsen können, selbst das Wagnis des Evangeliums einzugehen. Seine Lieblingsschwester Lily erkrankte ebenfalls, auch sie drohte zu sterben. Roger wollte

beten, er suchte nach Worten, und da kam ihm ein Psalmvers in den Sinn: „Mein Herz sagt mir ein Wort, das von Dir kommt. Suche mein Angesicht! Dein Angesicht, o Herr, will ich suchen." Es wurde zu seinem Gebet, er konnte wieder beten. Später wird er schreiben: „Christus, wir möchten so tief aus Deinem Vertrauen leben, dass die Quellen allen Übels versiegen. Jesus Christus, wie sehr wir auch zögern, du bist immer da: als der Demütige Gottes. Aber auch als der Auferstandene stehst du an unserer Seite. Immer wieder sagst du zu den Menschen: Gib dich meiner Gegenwart hin! Denk daran. Selbst ein kleiner Glaube ist dafür genug."

Völlig überraschend starb sein Vater im März 1946. Seine Mutter erreichte dagegen das hohe Alter von 93 Jahren. Im Dezember 1973 verstarb sie in Taizé, wo sie die letzten Jahres ihres Lebens verbracht hatte und wo sie auf dem kleinen Dorffriedhof auch ihr Grab gefunden hat. Sie war eine Frau von großem Lebensmut und Lebensfreude gewesen. Als alte Frau hatte sie einmal einen Herzinfarkt gehabt, und als sie wieder sprechen konnte, sagte sie: „Ich habe keine Angst vor dem Tod. Ich weiß, an wen ich glaube." Und nach einen Moment der Stille fügte sie hinzu: „Aber ich liebe das Leben!" Als sie sich dann im hohen Alter von den Menschen um sie herum verabschiedete, sagte sie: „Das Leben ist schön. Und Gott ist gut." So erinnerte sie alle, die bei ihr waren, noch einmal daran, welch ein wunderbares und großartiges Geschenk das Leben ist, wie wertvoll jeder Tag ist.

3. „Bleiben Sie hier. Wir sind so allein."

Nach dem Wunsch des Vaters sollte Roger Theologie studieren, er aber wollte Schriftsteller werden oder auch Landwirt. Er hatte eine kleine Schrift verfasst: „Entwicklung einer puritanischen Kindheit", sie war das Ergebnis der Kämpfe und Entdeckungen seiner Jugend. Er täuschte einen Besuch bei seinem Onkel und seiner Tante in Paris vor und ging stattdessen mit seinem Manuskript zu der angesehenen Literaturzeitung „Nouvelle Revue Française". Der Schriftsteller Jean Paulhan empfing ihn freundlich und versprach, den Text zu lesen.

Roger Schutz wartete Woche um Woche, dann endlich nach zwei Monaten kam die ersehnte Antwort. Der Verlag war bereit, seinen Text zu veröffentlichen, allerdings sollte er noch den Schluss überarbeiten. Er überlegte, auf einem langen Spaziergang dachte er darüber nach, und dann stand seine Entscheidung fest: Entweder sie druckten seine Schrift so ab oder gar nicht. Er konnte sie nicht ändern. Zugleich spürte er, dass es hier um mehr ging. Vielleicht war es ein Fingerzeig Gottes, die schriftstellerische Laufbahn nicht weiter zu verfolgen. Er folgte stattdessen dem Wunsch seines Vaters und begann das Theologiestudium.

Vier Jahre dauerte das Studium, und er absolvierte es in Lausanne und Straßburg. Zwar sah er stets die Wissenschaften als wichtig an, aber ihm selbst war das Herz wichtiger. Das Leben Martin Luthers beschäftigte ihn und seine Zeit, die eine große Epoche im Umbruch war. Wie hat Luther sie erlebt, welchen Fragen und Aufgaben sah er sich gegenüber gestellt? Gibt es auf unserer Erde einen Weg, der so weit führt, alles vom Anderen zu verstehen?

Roger Schutz dachte immer wieder darüber nach, bis er für sich selbst die Antwort gefunden hatte: „Wenn es diesen Weg gibt, beginne bei dir selbst und engagiere dich selbst; du selbst, um alles von jedem Menschen zu verstehen."

Damit hatte er einen Entschluss gefasst, der bis zu seinem Tod gelten sollte.
Völlig unerwartet wählte ihn 1939 die christliche Studentenvereinigung in Lausanne zu ihrem Vorsitzenden. Schutz war überrascht, weder hatte er an ihren Versammlungen teilgenommen, noch hatte er zu jemanden von ihnen Kontakt. Er sagte also ab, aber die Studenten hatten ein gutes Gespür dafür, wer ihnen helfen könnte. So überredeten sie ihn, und er nahm doch an. Schon bald erkannte er, dass sie mit dem Gebet und den Quellen des Glauben nicht sehr vertraut waren. Man traf sich regelmäßig zu diesen Themen, führte Seminare durch und bildete eine Art „Dritten Orden", der zu Einkehrtagen zusammenkam. Ihm aber reichte das nicht, er merkte, wie sich in Lektüre, im Nachdenken und auf den einsamen Spaziergängen in ihm etwas heranbildete, das darauf wartete, umgesetzt zu werden. Er spürte förmlich, wie es in der Luft lag. In diesem Sommer 1940 fiel die Entscheidung, die sein ganzes weiteres Leben prägen sollte.
Die Schweiz war ein neutrales Land, aber vor der Haustür bebte der Krieg. Als am 1. September 1939 Hitler Polen überfallen hatte, begann der Zweite Weltkrieg. Frankreich hatte zuvor Polen die Unterstützung zugesagt und erklärte ebenso wie Großbritannien Deutschland den Krieg. Über die neutralen Länder Niederlande und Belgien griff die deutsche Armee Frankreich 1940 an, besetzte im Juni Paris und schloss die französische Ostarmee ein. Es blieb nur die Kapitulation. Marschall Henri Pétain, der gerade das Amt des Regierungschefs übernommen hatte, vereinbarte mit Hitler ein Waffenstillstandsabkommen. Die Teile nördlich der Grenzlinie hielten die Deutschen besetzt, Pétain verwaltete den südlichen Teil und arbeitete mit den Nationalsozialisten zusammen. Obwohl er autoritär herrschte und auch antijüdische Gesetze erließ, flohen viele Juden in den Süden. Sie hofften, von dort in die neutrale Schweiz zu ge-

Blick auf Taizé

langen. Dabei halfen ihnen Bekannte von Roger Schutz in Lyon. Schutz wusste nun, was seine Aufgabe war. Er hörte

die Stimme in sich: Geh sofort nach Frankreich. „Wenn sich dort ein Haus finden ließe, hätten wir eine Möglichkeit, jenen zu helfen, die vom Geschehen am meisten betroffen oder in ihrer Existenz bedroht sind; es könnte ein Ort werden, an dem sich Schweigen mit Arbeit verbinden ließe."
Nicht weit von Genf war ein Onkel als Militärgeistlicher in dem unbesetzten Teil Frankreichs stationiert. Dort begann er Mitte August seine Suche nach einem Haus. Den Namen „Cluny" kannte er aus der Kirchengeschichte. Dort war 910 ein mächtiges Kloster gegründet worden, von dem eine wichtige Reform ausging, die das geistliche Leben der Mönche erneuern sollte. Berühmt waren ihre Gottesdienste mit ihren großartigen Gesängen, die viele Menschen anzogen. Im 11. Jahrhundert wurde das Kloster noch einmal prächtig ausgebaut zur großartigsten Kirche des Abendlandes. Die Französische Revolution hatte von dem Gebäude nur noch Ruinen übergelassen. Mit einem Fahrrad machte sich Roger Schutz auf, bei dem Notar von Cluny erfuhr er, dass ganz in der Nähe, in Taizé, ein Haus zu verkaufen wäre. Also fuhr er weiter in das kleine Dorf.
Taizé wirkte völlig verlassen. Viele Häuser standen leer, nachdem im 19. Jahrhundert eine Krankheit die Weinberge befallen hatte. Kaum fünfzig Personen lebten hier noch, meist waren es alte Menschen. Es gab keine Teerstraßen, kein Telefon und auch kein fließendes Wasser. Vielleicht war es gerade deswegen der richtige Ort, nicht so komfortabel und bequem wie die Häuser in den Dörfern, die er zuvor gesehen hat. Einer der Männer, die vom Felde kamen, zeigte ihm das Anwesen. Das Dach musste erneuert werden, aber sonst war alles in einem guten Zustand. Es gab einen großen Garten und noch einige kleinere Gebäude. Für den Preis zweier Autos konnte er alles kaufen. Und weil es im Ort kein Hotel gab, nahm ihn die Nachbarin, Henriette Ponceblanc, auf. An diesem Abend war er ihr Gast. Er erzählte ihr, was er vorhatte. Und sie sagte zu ihm:

„Kaufen Sie das Haus und bleiben Sie hier. Wir sind so allein." Ja, er wird das Haus kaufen, er wird bleiben. Er wusste, dass er gefunden hatte, was er suchte. Anfang September fuhr Schutz zum Notar nach Cluny und unterschrieb den Kaufvertrag. Die Besitzer waren das Ehepaar de Brie in Lyon. Nach dem Tod des Ehemannes kam Frau de Brie immer wieder nach Taizé. Eines Tages berichtete sie von einem merkwürdigen Traum, den eine mit ihr befreundete Benediktinerin von Dourgne hatte. Die Nonne war in ihrem Traum in die goldene Zeit Clunys zurückversetzt worden, aber seltsamerweise fand sie sich in Taizé wieder. Dort hörte sie Mönche, die die Göttliche Liturgie sangen. Freude, so schrieb sie, durchflutete ihre Seele. Der Brief trug das Datum vom 25. Januar 1923, und er schien wie eine Vision des Zukünftigen zu sein.
Die Anfänge waren eher ernüchternd. In Lausanne lehnten fast alle Freunde, mit denen er sich Ende August traf, das Projekt ab. Schutz ließ sich davon nicht irritieren. Er besorgte Gebrauchtmöbel, dazu kaufte er sich zwei Kühe und zwei Ziegen. Er lernte melken und wie man Käse herstellt. Im Garten baute er Gemüse an, kochte Brennnesselsuppe und siedete Schnecken. So konnte er den Flüchtlingen ein einfaches Mahl anbieten. Die Freunde in Lyon sagten, dass es in Taizé ein Haus gebe, das sie aufnähme. Und sie kamen, manchmal waren es ein Dutzend Personen, die er versorgen musste. Er fragte nicht nach ihrem Namen, es waren oft Juden, die auf der Flucht waren. Für sich selbst hatte er einen Gebetraum eingerichtet, den er dreimal am Tag aufsuchte. Er betete für sich alleine, denn niemand sollte sich zum Gebet verpflichtet fühlen. Es wäre ihm unerträglich gewesen, wenn sie aus Dankbarkeit gebetet hätten.
Ein ferner Verwandter, ein General, sollte ihn beschützen, aber auch er hatte nicht viele Möglichkeiten. Im Mai 1942 teilte er ihm mit, dass er ihn nicht länger decken könn-

Roger Schutz in den Anfängen von Taizé

te, und riet ihm, den Ort zu verlassen. Da wusste Roger Schutz, dass nun auch sein Leben in Gefahr war. Er betete zu Gott: „Nimm mein Leben, wenn du es für gut befindest, aber gib, dass das, was hier begonnen hat, weitergeht." Als er dann im November einem Mann half, über die Grenze in die Schweiz zu gehen, wurde ihm mitgeteilt, dass die Gestapo in seiner Abwesenheit am 11. und 12. Novem-

ber das Haus durchsucht hatte. Die Deutschen besetzten nun auch den Süden. Schutz war denunziert worden. Die Flüchtlinge wurden abgeholt, niemand wusste, was mit ihnen geschah. Von den Konzentrationslagern ahnte noch niemand dort etwas. Zurückkehren konnte Schutz nicht mehr, er musste in der Schweiz bleiben. Aber er würde nicht aufgeben, er würde wieder zurückkehren.
In Taizé hatte sich Roger Schutz Gedanken über das Leben in einer Gemeinschaft gemacht. Ihm wurde deutlich, dass eine solche Gemeinschaft eine „gemeinsame Quelle" brauchte. Die zentralen Aussagen des Evangelium bildeten für ihn diese Grundlage, wobei er den Seligpreisungen besondere Bedeutung beimaß. „Lass in deinem Tag Arbeit und Ruhe vom Wort Gottes ihr Leben empfangen; wahre in allem die innere Stille, um in Christus zu bleiben; lass dich durchdringen vom Geist der Seligpreisungen: Freude, Barmherzigkeit, Einfachheit." Was er als Kind und Jugendlicher erlebte, was er in den gemeinsamen Treffen und Gesprächen mit den anderen Studenten erfuhr, all das sammelte er in der kleinen Schrift von nur achtzehn Seiten mit dem Titel „Klärende Bemerkungen". Ziel sollte die gelebte Versöhnung unter den Christen sein, und das bedeutete letztlich auch Ökumene, die Gemeinschaft aller Gläubigen. 1941 erschien diese Broschüre in Lyon. Im Kern erhielt sie das zukünftige Programm.
Die kleine Schrift bekam sehr bald ihre ersten Leser, die in ihr fanden, was sie selbst suchten. Da war Max Thurian, ein Theologiestudent, und Pierre Souvairan, der bei den Agrarwissenschaften eingeschrieben war. Sie gingen zu Roger Schutz nach Taizé und wohnten später auch mit ihm in Genf. Ein Vierter schloss sich an, und sie gaben sich das Versprechen zu Ehelosigkeit und Gütergemeinschaft. Jedes Jahr sollte dieses Gelübde erneuert werden. In einer Seitenkapelle der Genfer Kathedrale trafen sie sich zum Gebet, Rogers Schwester Geneviève spielte die Orgel. Sie

konnte nur staunen, dass immer mehr Menschen, vor allem junge Leute, zum Morgengebet kamen, sodass es in das Hauptschiff verlegt werden musste. Viele kamen auch zu ihnen zum Gespräch. Nicht nur Studenten, sondern auch Arbeiter und Gewerkschaftler trafen sich bei ihnen. Ihr Haus stand für jeden offen, und sie alle genossen diese Zeit. Es war ein „herrliches“ gemeinsames Leben.
Roger Schutz hatte sein Studium noch nicht abgeschlossen, die Examensarbeit stand noch aus. Bezeichnenderweise hat er als Thema „Das Ideal vorbenediktinischen Mönchslebens und seine Übereinstimmung mit dem Evangelium“ gewählt. 529 hatte Benedikt von Nursia auf dem Monte Cassino in Italien die Mönchsgemeinde von Subiaco gegründet. In 73 Kapiteln hatte er die Regeln für das gemeinsame Leben aufgestellt, das ein beständiger Gottesdienst sein sollte. Gebet und Arbeit, „ora et labora“, sollte den Tagesablauf und die Existenz der Mönche bestimmen. Die Regeln des Benedikt wurden zur Grundlage aller folgenden Klostergründungen.
Roger Schutz spürte, dass er in seinen eigenen Überlegungen vor die benediktinische Ordnung zurückgehen musste. Er orientierte sich am Neuen Testament und an der Gemeinschaft der ersten Christen. Die Apostelgeschichte erzählt, wie sie sich in den Häusern getroffen haben, wie sie zusammen gebetet und Abendmahl gefeiert haben, und wie sie auch das, was sie besaßen, geteilt haben. Schutz bestand das Examen und wurde zum Pfarrer ordiniert.
Der Zweite Weltkrieg war zwar noch nicht zu Ende, aber längst waren die alliierten Truppen gelandet und hatten die deutsche Armee aus Frankreich verdrängt. Von der neuen Regierung unter Charles de Gaulle erhielten Roger Schutz und seine Freunde einen Passierschein, mit dem sie sich in Frankreich frei bewegen konnten. Nun war es ihnen möglich, nach Taizé zurückzukehren.

4. „Ein Gleichnis von Gemeinschaft"

1944 hatten sich in Frankreich die Verhältnisse umgedreht, aus den Verfolgern waren Verfolgte, aus den Angreifern waren Gefangene geworden. Roger Schutz und seine Freunde standen auch jetzt auf der Seite der Ärmsten, und das waren nun die deutschen Kriegsgefangenen. In Paris holten sie sich die Erlaubnis, die Gefangenen an den Sonntagen zu sich einzuladen. Sie beteten miteinander und aßen zusammen, die Gäste erzählten, und sie hörten zu. Es waren Familienväter und Alleinstehende, und sie standen entsetzt und fassungslos vor den Folgen des Nationalsozialismus. Einer von den Gefangenen, ein junger Priester, fiel Schutz besonders auf; sein ganzes Wesen strahlte Heiterkeit und Lebensfreude aus. In ihm spiegelte sich die Heiligkeit Gottes.
Die Gemeinschaft von Taizé teilte miteinander das Wenige, das sie hatte. Und beim Abschied steckten sie den Ge-

Um die Häuser wohnlich einzurichten, gab es in den Anfängen viel zu tun. Alle mussten kräftig anpacken.

fangenen noch etwas zu essen in die Taschen. Es waren Zeichen der Versöhnung, der Hoffnung und der Zukunft. Die Bevölkerung in Taizé und der Umgebung konnte das nur schwer verstehen. Eines Tages kamen Frauen zu ihnen, deren Männer in deutschen Konzentrationslagern umgekommen waren. Sie ließen ihren angestauten Hass an den Gefangenen aus. Auf einen schlugen sie besonders heftig ein, und der war so geschwächt, dass er starb. Es war der junge Priester; auf seinem Lippen lag nichts als Friede und Vergebung.

Im Krieg hatten viele Kinder ihre Eltern verloren, sie wussten nicht wohin. Geneviève, die jüngste Schwester von Roger Schutz, war noch nicht verheiratet. Sie war bereit, nach Taizé zu kommen und die Kinder aufzunehmen. Mit zwanzig Jungen bezog sie ein Haus in der Nähe der Gemeinschaft. Sie wurde so die Mutter vieler Kinder und auch Großmutter und Urgroßmutter, denn die Verbindung zu ihren Kindern blieb. Sie wurden zu einer großen Familie.

Die materiellen Bedingungen waren schwer in diesen Jahren, dennoch es reichte, um abzugeben. Der Vater von Roger Schutz konnte sich aber die Zukunft nicht so recht vorstellen. Anfang 1946 erkrankte er an einer Lungenentzündung, es sah sehr ernst aus. Er rief seinen Sohn zu sich zu einer letzten Unterredung und fragte ihn: „Wovon willst du leben?" Der Sohn antwortete: „Ich arbeite, ich habe gelernt, Kühe zu melken. Wir werden niemals Spenden annehmen, sondern von unserer Arbeit leben." Kurze Zeit nach diesem Gespräch starb der Vater.

Man teilte in der Gemeinschaft nicht nur die materiellen Güter. Die gemeinsamen Gebete des Morgens, mittags und am Abend gliederten den Tag. Sie kamen in der kleinen Kapelle zusammen, die sie auf dem Dachboden eingerichtet hatten. Aber oft reichte der Platz nicht aus. Direkt neben dem Haus stand die romanische Dorfkirche aus dem 12. Jahrhundert. Sie war völlig ungenutzt, seit der Franzö-

sischen Revolution wurde dort allenfalls einmal im Jahr die Messe gefeiert. Zuletzt war es 1941, als Abbé Couturier aus Lyon kam, der dort die kleine Schrift von Roger Schutz verlegt hatte, um ihn in Taizé zu besuchen.
Die Freunde wandten sich an den Regionaldekan Abbé Dutroncy, und der war sogleich einverstanden. Allerdings wurde die Erlaubnis einige Wochen später wieder aufgehoben. Es war eine heikle Angelegenheit, denn schließlich waren sie evangelische Christen, die eine katholische Kirche für ihre Gottesdienste nutzen wollten. Sie wandten sich nun an den Bischof von Autun, der wiederum setzte sich mit dem päpstlichen Nuntius Angelo Giuseppe Roncalli, dem späteren Papst Johannes XXIII., in Paris in Verbindung. Und der erteilte ihnen die Erlaubnis. Die Dorfkirche von Taizé wurde zur Simultankirche erklärt, das heißt, nun konnten in ihr sowohl die katholische Messe als auch der evangelische Gottesdienst stattfinden.
Das war zu Pfingsten 1948. War es auf die Dauer möglich, sich jeweils nur für ein Jahr zum gemeinschaftlichen Leben zu verpflichten? Sie spürten immer deutlicher, dass sie ihrer Berufung nur gerecht werden konnten, wenn sie bereit waren, sich ihr ganzes Leben lang zu engagieren.
Zu Ostern 1949 kamen sieben Männer in der kleinen romanischen Kirche von Taizé zusammen, so viele waren sie mittlerweile geworden. Sie legten die Profess ab, die Verpflichtung zur Gütergemeinschaft, zur Ehelosigkeit und zum Gehorsam. Damit war der erste Orden evangelischer Christen seit der Reformationszeit entstanden. Frère Roger hatte einige Regeln formuliert, es sollte nur das unbedingt Notwenige sein. Später nannte er sie die „Quellen von Taizé". Ständig sollten die Brüder nach dem Plan Gottes suchen, deshalb wurden die Regeln immer wieder überarbeitet, korrigiert und ergänzt. Aus Liebe zu Christus und den Brüdern waren sie berufen, ein „Gleichnis von Gemeinschaft" zu leben, aus freier Entscheidung heraus.

Die Profess – das Versprechen zur Gemeinschaft

Bruder, der du dich der Barmherzigkeit Gottes anvertraust, denke daran, dass Jesus Christus deinem schlichten Glauben zu Hilfe kommt, sich auf dich einlässt und für dich die Verheißung erfüllt: Jeder, der um Christi und um des Evangeliums willen alles verlassen hat, wird das Hundertfache empfangen. […] Der Herr Jesus Christus hat dich in seinem Erbarmen und in seiner Liebe zu dir dazu berufen, in der Kirche ein Zeichen brüderlicher Liebe zu sein. Er ruft dich auf, mit deinen Brüdern das Gleichnis des gemeinsamen Lebens zu verwirklichen.

Willst du um der Liebe Christi willen dich ihm hingeben mit allem, was du bist? – Ich will es.

Willst du von nun an den Dienst für Gott tun in unserer Communauté, in Gemeinschaft mit deinen Brüder? – Ich will es.

Willst du unter Verzicht auf alles Eigentum mit deinen Brüdern leben nicht nur in der Gemeinschaft der materiellen Güter, sondern auch in der der geistigen und geistlichen Gaben, indem du dich mühst um die Offenheit des Herzens? – Ich will es.

Willst du, um besser verfügbar zu sein für den Dienst mit deinen Brüdern und um dich ungeteilt der Liebe Christi zu schenken, im Zölibat verbleiben? – Ich will es.

Willst du, damit wir einmütigen Sinnes seien und damit unsere Einheit im Dienst sich vollauf verwirkliche, die Entscheidungen annehmen, die in der Communauté getroffen und durch den Prior zum Ausdruck gebracht werden, und daran denken, dass er nur ein armer Diener an der Gemeinschaft in der Communauté ist? – Ich will es.

Willst du stets Christus in deinen Brüdern wiedererkennen und so über sie wachen in guten und in schlechten Tagen, im Leiden und in der Freude? – Ich will es.

Grundlage der Communauté war der Zusammenhalt der Gemeinschaft. „Du bist von nun an nicht mehr allein. Immer musst du mit deinen Brüdern rechnen", schrieb Frère Roger. Gleichheit und Gerechtigkeit waren für ihn wichtige Prinzipien. Er hatte kein Verständnis dafür, wenn einer der Brüder seine Fähigkeiten und Gaben dazu nutzte, um sich hervorzutun oder gar einen anderen zu unterdrücken. Sie waren alle Diener des Evangeliums, und das galt für den Prior im besonderen, er war der Diener der Diener. Er hatte Autorität, war auch durchsetzungsfähig, aber nutzte seine Autorität, um die Solidarität untereinander zu fördern, und er suchte immer wieder das Gespräch. Er ging auf die Brüder zu, wollte ihre Meinung hören und mit ihnen über die Aufgaben und Probleme sprechen, die anstanden. Er gab keine Befehle, sondern sagte: „Wir werden miteinander suchen, was zu tun ist."

Ein Orden aus evangelischen Brüdern musste bei Protestanten wie Katholiken Verwunderung auslösen. Die Reformation hatte die Klöster aufgelöst, weil sie nach ihrer Auffassung nicht mehr dem Evangelium gedient hatten, sondern Macht und Zwang ausübten. Die Freiwilligkeit ist ein protestantisches Grundprinzip, sie schließt die Gemeinschaft von Männern und Frauen, die sich für den Dienst am Evangelium zur Gütergemeinschaft, Ehelosigkeit und Gehorsam verpflichten, nicht aus. Nach fünf Jahrhunderten wurde in Taizé das Modell einer Gemeinschaft begonnen, die konsequent aus dem Evangelium heraus lebt.

Noch glich die Communauté von Taizé einem mutigen Experiment, aber mit den Jahren überzeugte sie immer mehr Christen, Protestanten wie Katholiken. Und weil sie eine evangelische Gemeinschaft in einem katholischen Land war, ergab sich die ökumenische Ausrichtung wie von selbst. Früh hatten sie in der katholischen Kirche Freunde gefunden, die der Communauté offen gegenüber standen. In den fünfziger Jahren nahmen Frère Roger und Frère Max

an ökumenischen Begegnungen in Rom teil. 1958 wurde Kardinal Angelo Giuseppe Roncalli, zum Papst gewählt. Als Johannes XXIII. trat er sein Amt an. Kardinal Pierre-Marie Gerlier von Lyon war einer der ersten katholischen Kirchenmänner, die große Hoffnung in Taizé setzten. Ein Jahr älter als der Papst, legte er diesem die Aufgabe der Gerechtigkeit ans Herz sowie die Versöhnung. Und dazu bat er ihn, möglichst bald die Brüder von Taizé zu empfangen. Der Papst war damit einverstanden, nur bedingte er sich aus, dass sie keine schweren Fragen stellen sollten. Kardinal Gerlier war ein kluger Mann. Er wusste, dass nun vieles auf den neuen Papst einströmen würde, an die Gespräche zu Anfang aber würde er sich am besten erinnern.
Drei Tage nach der Amtseinführung ging eine Einladung an Taizé. Die Brüder kamen zur Privataudienz und erzählten dem Papst von ihrer Gemeinschaft. Johannes XXIII. hörte interessiert und aufmerksam zu, und als das Stichwort Versöhnung fiel, klatschte er in die Hände und rief laut „Bravo".

Die Brüder der Communauté auf dem Weg zum gemeinsamen Gebet

Papst Johannes XXIII. und Frère Roger. Beide Männer verstanden sich auf Anhieb, denn beiden war das Christentum eine Sache des Herzens. Sie verbanden eine tiefe Frömmigkeit mit dem Engagement für Gerechtigkeit und Frieden. Für beide war die Zeit gekommen, dass sich die Kirchen für die Ökumene öffnen sollten. Sie hofften auf die eine Kirche aller Christen.

Papst Johannes XXIII. (1881-1963)

Als „Papa di passagio" wurde Johannes XXIII. 1958 gewählt, die Kurie konnte sich nur schwer auf einen Kandidaten einigen. 1881 kam Angelo Giuseppe Roncalli als drittes von dreizehn Kindern eines Bauernehepaares zur Welt. Er war in der Tat ein „Übergangspapst", denn er führte die römisch-katholische Kirche zu einem neuen Selbstverständnis. Er öffnete sie für ein neues Zeitalter, setzte sich für Gerechtigkeit ein und mahnte zum Frieden. Er empfing Andersgläubige zur Audienz: Protestanten, Orthodoxe und auch Juden. Er verließ den Vatikan zu Spaziergängen und sprach mit den Menschen auf der Straße. Berühmt war sein Humor, seine bescheidene und offene Lebensart verschaffte ihm eine große Popularität. „Papst kann jeder werden", sagte er einmal, „Der beste Beweis bin ich selbst." Wenige Monate nach der Wahl eröffnete er einem kleinen Personenkreis, dass er beabsichtige, ein Konzil einzuberufen. In seiner Eröffnungsrede am 11. Oktober 1962 sagte er: „Die Kirche hat den Irrtümern zu allen Zeiten widerstanden, oft hat sie sie auch verurteilt, manchmal mit großer Strenge. Heute dagegen möchte die Braut Christi lieber das Heilmittel der Barmherzigkeit anwenden." Sein Blick war in die Zukunft gerichtet: „Wir wollen keine Gerichtsverhandlung aufziehen und wir werden nicht untersuchen, wer Recht und wer Unrecht hatte. Wir sagen vielmehr ganz einfach: Versammeln wir uns und hören wir mit den Streitigkeiten auf." Er hoffte darauf, dass ein ökumenisches Konzil Christen verschiedenen Bekenntnisses zusammenführen kann. Päpste mit dem Namen Johannes hätten immer nur kurz regiert, sagte er bei der Ansprache direkt nach der Wahl. Er hatte nur die Sitzungen des ersten Jahres erlebt, 1963 starb er mit 82 Jahren. Das Konzil, das sein Nachfolger, Papst Paul VI., weiterführte, endete 1965.

Er bat die Brüder weiterzumachen, und sie empfanden diese Begegnungen als Bestätigung und Ermutigung. Mehrmals kamen sie noch zusammen. Als Johannes XXIII. das Zweite Vatikanische Konzil einberief, waren Frère Roger und Frère Max von Anfang an als Beobachter dabei. Noch bevor das Konzil abgeschlossen war, starb der Papst. Vor seinem Tod hatte Frère Roger mit zwei Brüdern noch eine Audienz bei ihm. Bei dieser letzten Begegnung erklärte Johannes XXIII. unter Tränen, dass manche seinen prophetischer Dienst nicht verstanden haben und damit vielleicht eine Stunde der Ökumene verfehlt worden sei. Was aber, so wollten die Brüder wissen, wird aus Taizé werden, und welchen Platz würden sie in der katholischen Kirche haben? Mit großen Handbewegungen zeichnete der Papst Kreise in die Luft und erklärte, dass die Kirche aus konzentrischen Kreisen bestehe. Sie sollten den eingeschlagenen Weg sorglos weitergehen. Bei einem Treffen begrüßte der Papst sie mit den Worten „Taizé, der kleine Frühling". Für ihn war die Gemeinschaft das hoffnungsvolle Zeichen des Aufbruchs in der Kirche.
Am Pfingstmontag 1963 starb Papst Johannes XXIII. Frère Roger wollte beim Abendgebet einige Worte an die Gottesdienstbesucher richten, aber er bekam vor Trauer kein Wort heraus. „Manchmal ist es leichter, seinen eigenen Tod anzunehmen als den eines anderen", sagte er später. Sein persönliches Gebetbuch hatte Johannes XXIII. an Frère Roger weitergegeben, es war der Ausdruck einer tiefen Freundschaft, die auf Gegenseitigkeit beruhte.

5. Kirche der Armut und der Armen

Im Jahre 1957 besuchte Hubert Beuve-Méry, der Gründer der großen französischen Tageszeitung „Le Monde", Taizé und notierte gerade zu prophetisch: „Vielleicht befindet sich das Geheimnis schon in den baren Händen einiger Männer, die anscheinend mittellos und tastend sich bemühen, wieder neu eine Werteskala aufzustellen und eine Lebensordnung zu finden."
Frère Roger hat die Grundlagen, den Weg und das Ziel immer wieder beschrieben; dabei hatte er versucht auf die Aufgaben, Probleme und Herausforderungen der Zeit einzugehen. „Ohne die heutigen Kirchen, ihre Schätze und ihre Schwächen zu kennen, ohne dauernd mitten im Leben der Kirche zu stehen und in ihr zu beten, könnten wir den schwierigen Versuch nicht wagen, in den wir manche unserer Brüder hineinwerfen, wenn wir sie an die Knotenpunkte des menschlichen Lebens senden," schrieb er 1959 in dem Buch „Das Heute Gottes". Es bildete den Anfang einer ganzen Reihe von Schriften, in denen er seine Erfahrungen, seine Gedanken, seine Pläne und Hoffnungen veröffentlichte.
Frère Roger kannte den Reichtum der Kirche; neben den Bezügen zum Neuen Testament finden sich in seinem Buch auch Hinweise auf die Kirchenväter. Ihm waren allerdings auch die Schwächen der Kirche bewusst. Gerade der materielle Reichtum mancher Gemeinden macht die Kirche unbeweglich und unglaubwürdig. Das Wort „Armut" gebrauchte er sehr vorsichtig, aber er war sich sicher: „Der Geist der Armut besteht in der Freude des Menschen, dessen Sicherheit in Gott ist."
Wie in der Regel des Benediktus sollte sich die Communauté von ihrer Hände Arbeit ernähren. Sie sollte nicht abhängig sein von Spenden und anderen Zuwendungen. Und das Geld, das sie für ihren Unterhalt nicht benötigte, sollte Pro-

jekten zugute kommen, die für Hilfsbedürftige bestimmt waren. Das war ein ehrgeiziges Vorhaben, gerade angesichts der Aufgaben, die schon bald auf die junge Gemeinschaft zukam. Aber es war ein unaufgebbarer Grundsatz der Gemeinschaft, wenn sie ihrem Anspruch, ein „Gleichnis der Gemeinschaft" zu sein, gerecht werden wollten.

Er habe gelernt, Kühe zu melken, antwortete Frère Roger auf die besorgte Frage des Vaters, der sich Gedanken um die Zukunft seines Sohnes machte. In der Anfangszeit war die Landwirtschaft eine wichtige Säule für den Unterhalt der Gemeinschaft. Die Brüder erlebten allerdings, wie die Bauern in der Umgebung unter Druck gesetzt wurden. So versuchte der Betrieb, der ihre Milch weiterverarbeitete, den Einkaufspreis herabzusetzen. Gerechtigkeit kann konkretes Handeln fordern, und dass die Brüder der Communauté alles andere als weltfremd sind, haben sie schon gleich zu Beginn gezeigt. Frère Alain, der zu den ersten Brüder zählte, hatte Agrarwissenschaften studiert, und er sah in der Bildung einer Molkereigenossenschaft einen Ausweg. Natürlich gab es auch Widerstand, aber die Durchsetzungskraft von Frère Alain und der Bauern war größer gewesen. Sie gründeten die Genossenschaft, und bald schon waren es mehr als zwölfhundert Erzeuger, die ihre Milch ablieferten. Der Gewinn wurde dann gleichmäßig auf alle Beteiligten verteilt.

Die Landwirtschaft der Communauté war erfolgreich gewesen, das bereitete auch Sorgen. Wie konnte das wirken in einer Umgebung, die von Armut geprägt war? In einer Enzyklika, einem päpstlichen Rundschreiben, rief Johannes XXIII. zur „Sozialisierung der Höfe" auf. Der Papst, der aus einer einfachen Bauernfamilie stammte, wusste nur zu gut, dass reiche Grundbesitzer oft ihre Macht gegenüber den Armen ausspielten. Er wies auf das Leben der ersten Christen hin, die alles miteinander teilten. Dieser Appell verhallte in Taizé nicht ungehört, und man begann darü-

Das Glasfenster „Franz von Assisi" von Frère Éric befindet sich in der romanischen Dorfkirche von Taizé. Es zeigt den Ordensstifter, wie er zu den Vögeln predigt. Das Lob und die Freude Gottes umfasst, so lehrte er, die ganze Schöpfung.

ber nachzudenken, wie diese Enzyklika umgesetzte werden könnte. Nach längerer Vorbereitung wurde 1962 die CO-PEX gegründet. Gemeinsam mit fünf Familien der Gegend bildete die Communauté eine landwirtschaftliche Produktionsgenossenschaft: Das Land, die Maschinen und auch die Arbeitskraft wurden zusammengelegt. Die Ernte wurde dann gleichmäßig unter alle aufgeteilt. Die COPEX wurde ein selbstständiger Betrieb, die Gemeinschaft übergab ihr allen Grundbesitz, lediglich die Fläche, auf der ihr Haus steht, verblieb ihr. Bisweilen wird Taizé mit Assisi verglichen. Dort gründete Giovanni Bernardoni Anfang des 13. Jahrhunderts einen Orden, der sich zur Armut verpflichtet hatte. Franziskus, wie sich der Stifter nun nannte, bezog sich dabei ausdrücklich auf das Neue Testament. Er schlug den Weg der konsequenten Nachfolge ein. Sein ganzes Leben war ein einzigartiger Ausdruck des Ernstes wie auch der Freude der Nachfolge.

1951 war die Zahl der Brüder auf zwölf angewachsen, in diesem Jahr wurden die ersten Mitglieder ausgesandt. Wie Jesus jeweils zwei Jünger ausgeschickt hat, das Evangelium zu verkünden, wurden auch in Taizé jeweils zwei Brüder beauftragt, „Zeichen der Gegenwart Christi unter den Menschen und Träger der Freude" zu sein. Die ersten beiden lebten in dem Bergbaugebiet von Montceau-les-Mines, etwa vierzig Kilometer nördlich von Taizé. Sie teilten das Leben mit den Arbeitern dort, setzten sich für Gerechtigkeit ein und engagierten sich auch in der Gewerkschaft. Das blieb nicht ohne Konflikte; die Tore der Fabriken in Montceau blieben von da an den Brüdern verschlossen.

Es war die erste Fraternität, es folgten weitere. Das Leben in Taizé sollte in die Welt ausstrahlen. Von „Kontemplation und Aktion" sprach Frère Roger bereits 1959, später werden die Stichworte „Kampf und Kontemplation" die beiden Pole bezeichnen, die das Leben des Christen bestimmen. Die Communauté unterhält in der ganzen Welt Fraternitäten. Der Zeitraum ist unterschiedlich, es können Monate, aber auch Jahre, ja Jahrzehnte sein. Die Brüder suchen Menschen in ihrer Not auf, sei sie durch Bürgerkrieg bestimmt, wie in Algerien; oder durch Hunger, wie in Indien und Bangladesh oder Afrika; sei sie durch Rassenunruhen wie in Chicago oder auch durch innere Leere und Unsicherheit wie in Deutschland bestimmt.

Das Engagement der Communauté wirkte nach außen, und es geschah etwas, mit dem die Brüder in dem Maße nicht gerechnet hatten. Immer mehr Menschen kamen nach Taizé und nahmen an den Gebeten in der kleinen Dorfkirche teil. Die Gesänge hallten in der Apsis und füll-

ten den Raum, das zog die Leute an. Aber das war es sicherlich nicht allein. Vor allem junge Menschen suchten nach Vorbildern gelebten Glaubens. Für sie wurde sichtbar, was oft genug im Herzen verborgen bleibt. Als eines Tages ein kräftiger Regenschauer auf die Gottesdienstbesucher niederging, die nur noch draußen vor der Kirche Platz gefunden hatten, waren sich die Brüder einig, dass etwas geschehen musste. Sie dachten über Zelte nach, die sie vor dem Gebäude aufspannen konnten. Und ohne dass sie es ahnten, hatte die „Aktion Sühnezeichen" in Deutschland beschlossen, in Taizé eine neue Kirche zu bauen.
Die Initiative „Aktion Sühnezeichen" wurzelt im Versagen der Evangelischen Kirche angesichts der Ermordung der Juden im Dritten Reich sowie der Grausamkeit des Krieges und dem Desinteresse führender evangelischer Kirchenvertreter nach 1945, Schuld zu bekennen und das Versagen einzugestehen. Lothar Kreyssig ließ sich nicht entmutigen. 1958 wiederholte er seinen Aufruf, der vier Jahre zuvor kein Gehör fand. Er bat „die Völker, die Gewalt von uns erlitten haben, dass sie uns erlauben, mit unseren Händen und mit unseren Mitteln in ihrem Land etwas Gutes zu tun, ein Dorf, eine Kirche, ein Krankenhaus oder was sie sonst Gemeinnütziges wollen, als Sühnezeichen zu errichten." Als Länder, denen am meisten Schaden zugefügt worden war, nannte er Polen, Russland und Israel. Für ein Jahr sollten Freiwillige in diesen Ländern zum Zeichen der Versöhnung arbeiten. 1959 entstanden die ersten Projekte: eine Feriensiedlung für Arbeiter in den Niederlanden sowie eine Kirche und ein Behindertenheim in Norwegen. Es folgte in Frankreich eine Synagoge in Villeurbanne und die Kirche in Taizé.
Als Frère Roger von einer Reise zurückkam, erschrak er. Er sah die riesigen Betonsäulen. Wie groß musste das Dach sein, das sie tragen würden. Er hatte einen Fehler gemacht. Zwar hatte er das Modell gesehen, aber sich die Ausmaße

Jugentreffen vor der Kirche der Versöhnung in Taizé

nicht richtig vorgestellt. Nun bauten sie eine Kirche, die viel zu groß ist. Er allein trage die Verantwortung, sagte er sich, und wusste nicht, wie es weitergehen sollte. Er musste dem Schicksal seinen Lauf lassen. Achtzehn Monate nach Baubeginn war die Kirche auf den Feldern vor dem Dorf vollendet. Am 5. und 6. August 1962 wurde die Kirche der Versöhnung in einem ökumenischen Gottesdienst eingeweiht. Am dritten Tag regnete es, und als die Brüder nach draußen gingen, spannte sich ein Regenbogen über den Himmel. „Das ist ein Zeichen“, meinte Frère Roger zu den anderen. Und er sagte, diese Kirche werde sie nicht unbeweglich machen, sondern sie werde sie wie eine Arche noch ganz woanders hinbringen. Er würde Recht behalten.

Unter den Gästen war auch der Bischof der anglikanischen Kirche von Bristol, Oliver Tomkins. Er hatte dreizehn Jahre zuvor schon einmal Taizé besucht, er war einer der beiden Zeugen der Gründung der Communauté Ostern 1949 gewesen. Der andere trat später der Gemeinschaft bei, es war

Frère Alain. 1960 gab es das erste ökumenische Treffen in Taizé, daran nahmen evangelische Pfarrer und römisch-katholische Bischöfe teil. Gleichzeitig entstanden Kontakte zur anglikanischen Kirche. Frère Roger und sieben weitere Brüder wurden nach England eingeladen. Zwei Jahre später bat der Patriarch Athenagoras in Konstantinopel um einen Besuch. Man saß zusammen, man aß und erzählte. „Wir waren wie in die Urkirche versetzt", meinte Frère Roger begeistert. In Anwesenheit einiger Bischöfe bemerkt er, dass Johannes XXIII. nicht alles verwirklichen könne, was er sich vorgenommen hatte. Der Patriarch horchte auf: „So, er kann nicht alles durchführen, was er will? Dann schätze ich ihn deshalb noch höher!"

Von 1962 bis 1965 dauerte das Zweite Vatikanische Konzil, zu dem Frère Roger und Frère Max als Beobachter eingeladen waren. Sie versuchten, durch ihre Mitarbeit die Atmosphäre zwischen der katholischen und den anderen Kirchen zu verbessern. „Deutlich erkennen wir den Skandal der Spaltung, der zwischen uns, die wir uns alle Christen nennen, besteht. Wir suchen eine sichtbare Einheit. Sie allein kann einen neuen Aufschwung hervorrufen, der uns befähigen wird, das Evangelium zu jedem Menschen auf der Welt zu tragen." Mit diesen Worten brachten sie ihre Hoffnung zum Ausdruck. Nach dem Tod Johannes' XXIII. führte Paul VI. das Werk seines Vorgängers fort, zwar in seinem Sinne, aber nicht mehr mit derselben Entschiedenheit und Energie. Nach einer Begegnung mit dem Erzbischof von Mailand, Kardinal Giovanni Battista Montini, schrieb Frère Roger: „Dieser Mann wäre ein guter Papst." Es war Paul VI. gewesen. Das Verhältnis zu Taizé blieb herzlich, aber die Ökumene machte keine Fortschritte. Johannes XXIII. war in Rom ihr entschiedenster Verfechter und Motor gewesen.

Zwar fehlten die beiden Brüder aus Taizé bei keiner Versammlung und keiner Sitzung, indes waren die Zeiten da-

zwischen ebenso erfüllt und nicht weniger interessant. Zu den Mahlzeiten luden die Brüder Teilnehmer des Konzils ein, Bischöfe und Kardinäle aus allen Erdteilen saßen an ihrem Tisch. Bisweilen war ihnen, als wäre dieses gemeinsame Mahl wie ein Vorgeschmack auf das „Brechen des gemeinsamen Brotes" beim Abendmahl gewesen, das sie jetzt noch nicht feiern konnten. Viele Kontakte und Freundschaften waren in dieser Zeit entstanden.
Eine besonders enge Verbindung entstand zu den südamerikanischen Bischöfen. Der Blick ging nach Lateinamerika. „An uns ergeht der Aufruf", sagte Frère Roger, „uns an die Seite jener Einwohner dieses Kontinents zu stellen, die das schwere Schicksal ihrer Länder ernst nehmen und mit mutigen Initiativen für eine Verbesserung der menschlichen Lebensbedingungen kämpfen." Eine der mutigen Initiativen war die Entscheidung des Bischofs von Talca in Chile, Manuel Larrain, das Eigentumsrecht des Kirchenbesitzes den Kleinbauern zu übertragen, damit sie Genossenschaften bilden und so gemeinsam das Land bebauen konnten. Die Frage des Landbesitzes war die entscheidende Frage, keine Frage war für den Bischof indes, auf wessen Seite die Kirche zu stehen hatte. Er zitierte den deutschen Kardinal Augustin Bea: „Ein Priester, der nur besorgt wäre, das Sakrament recht zu zelebrieren, sich aber nicht darum kümmerte, das Brot des Wortes zu brechen, wäre nur ein halber Priester."
Auf Bitten der Bischöfe startete Frère Roger die „Operation Hoffnung", eine ökumenische Kollekte zur Unterstützung der Bauern, die auf dem neuen Grund Höfe aufbauen wollten. Zugleich wurden eine Million spanische und 500 000 portugiesische Exemplare des Neuen Testaments, die die Besonderheiten Lateinamerikas berücksichtigen, verteilt. Jeweils bekam derjenige eine Bibel, der bereit war, aus dem Buch zehn anderen vorzulesen, die selbst nicht lesen konnten.

Bei der Abfahrt von Rom schickte Bischof Larrain Frère Roger seinen Bischofsring zu. 1966 kam er bei einem Autounfall ums Leben. 1974 übergab der Prior den Ring Carlos Gonzáles, dem neuen Bischof von Talca. Eine enge Beziehung hatte Frère Roger auch zu Dom Helder Camara, dem Erzbischof von Olinda und Recife in Brasilien. Als der Bischof den Titel seines neuen Buches „Die Gewalt der Friedfertigen" sah, fühlte er sich davon sehr angesprochen. Er war ein entschiedener Verfechter der Gewaltlosigkeit und zugleich ein energischer Streiter für die Menschenrechte. Dom Helder Camara schrieb über die Gewaltlosigkeit, dass sie keineswegs Passivität und Mangel an Mut sei. „Im Gegenteil: Innerhalb der festen Grenzen demokratischer Methoden, in der Achtung vor der Wahrheit, der Gerechtigkeit und der Liebe werden wir recht schnell unbequem werden. Wir werden da sein, um auf die mit Füßen getretenen, verhöhnten Grundrechte hinzuweisen; um zu fordern, dass sie geachtet werden." Camara schrieb auch eine Reihe Gedichte.

Wohin ich immer reise,
bin ich glücklich zu entdecken
in allen Ländern, allen Rassen,
in allen Religionen, in allen
Menschengruppen, Minderheiten,
die sich aufrichtig engagieren wollen,
für mehr Gerechtigkeit und Einheit in der Welt.
Keine Menschenmacht kann zunichte
machen, was diese Minderheit bewegt.
Nur der Geist gibt ihnen Hoffnung.
So wie du die Schöpfung begonnen hast,
wollen Menschen sie fortsetzen,
im Geist der Gerechtigkeit.

Dom Helder Camara

Dom Helder Camara und Frère Roger. Kardinal Pierre-Marie Gerlier aus Lyon, der einen wichtigen Einfluss auch auf Taizé ausübte, sagte 1955 bei einem Kongress in Rio de Janeiro zu Camara: „Weshalb, mein Bruder Dom Helder, setzen sie Ihr Ihnen vom Herrn verliehenes Organisationstalent nicht im Dienst für die Armen ein." Für den Brasilianer war dies der Wendepunkt in seinem Leben, von da an stellte er seine Fähigkeit und „alles, was der Herr mir gegeben hatte, in den Dienst der Armen".

Dom Helder Camara (1909-1999)

Als das elfte von dreizehn Kindern einer einfachen Familie wurde Helder Camara 1909 in Nordbrasilien geboren. Bereits mit vierzehn Jahren trat er in das Priesterseminar ein und wurde schon mit 22 Jahren zum Priester geweiht. Er schuf eine Arbeiterinnengewerkschaft, als Weihbischof von Rio de Janeiro förderte er die Zusammenarbeit der brasilianischen und der lateinamerikanischen Bischöfe. Er gründete die Kampagne „Sankt Sebastian" zur Bekämpfung der Armut und richtete eine „Vorsorgebank" ein. Für die Abschlusszeremonie des Zweiten Vatikanischen Konzils 1965 schlug er vor: „Wir können unsere goldenen und silbernen Bischofskreuze dem Papst zu Füßen legen und dafür Kreuze aus Bronze oder Holz in Empfang nehmen, als Zeichen für den Entschluss, einen einfachen Lebensstil nach dem Evangelium anzunehmen." Als „Bischof der Favelas" wurde er Anwalt der Ärmsten der Armen. Wenige Tage nachdem er 1964 Erzbischof von Olinda und Recife wurde, übernahm eine Militärregierung die Macht in Brasilien. Sie denunzierte ihn als „roten Bischof". Er lehnte den Sozialismus ebenso wie den Kapitalismus ab und suchte nach einem „Dritten Weg". Immer wieder versuchte er die Weltöffentlichkeit aufzurütteln und sie auf das Schicksal der Armen aufmerksam zu machen. Sein Ziel war die geistliche und soziale Befreiung des Menschen. Als 1969 sein Sekretär ermordet wurde, prangerte er öffentlich die Folterpraxis und Unterdrückung im Lande an. 1985 ging er in den Ruhestand, sein Nachfolger setzte seinen Weg nicht fort. Dom Helder Camara erhielt zahlreiche Ehrungen und Auszeichnungen in Anerkennung seines Einsatzes für die Menschenrechte und die soziale Gerechtigkeit. 1999 starb er neunzigjährig. Er sagte über sich: „Eine schlichte Wasserlache möchte ich sein, die den Himmel spiegelt."

6. „Ein Feuer auf Erden“

Die 60er Jahre waren eine Zeit des Umbruchs gewesen. Der rasche Wiederaufbau nach dem Zweiten Weltkrieg, besonders in Deutschland, ließ viel zu schnell das Unrecht, das die Nationalsozialisten über Europa brachten, vergessen. Die Vergangenheit wurde verdrängt, statt aufgearbeitet. Viele Personen, die im Nazi-Deutschland eine wichtige Position innehatten, besetzten diese auch nach dem sogenannten Dritten Reich. Die junge Generation wurde skeptisch gegenüber den Älteren. Sie begann immer deutlicher gegen die überkommenen Strukturen und Konventionen zu rebellieren. Es begann an den Universitäten; der Protest richtete sich gegen die Macht der Professoren, die Studenten forderten Mitbestimmung. Bald aber übertrug sich der Protest auf alle Bereiche des Lebens, eine regelrechte Protestwelle entstand. Sie war ein weltweites Phänomen, in den USA demonstrierten Menschen, vor allem junge Leute, gegen den Vietnamkrieg. In Frankreich verbündeten sich die Studenten mit den Arbeitern und lieferten sich in Paris schwere Straßenschlachten mit der Polizei. Zu heftigen Ausschreitungen kam es auch in Japan.

In Deutschland bildete der Besuch des Schahs von Persien 1967 einen Höhepunkt. Die Berliner Polizei arbeitete mit der berüchtigten iranischen Geheimpolizei zusammen, um eine stärkere Kontrolle über die Studenten zu haben. Bei der Demonstration im Juni 1967 wurde der Student Benno Ohnesorg erschossen. Im April 1968 erlitt der Studentenführer Rudi Dutschke bei einem Attentat eine schwere Verletzung. Bei den anschließenden Osterunruhen kamen zwei Journalisten um. Die „68er-Bewegung“ löste sich auf, ein kleiner radikaler Teil sammelte sich in der terroristischen Rote Armee Fraktion (RAF), die meisten indes engagierten sich in Bürgerinitiativen, die sich für soziale Gerechtigkeit, für weltweiten Frieden und für die Bewahrung der Schöpfung einsetzten. Auch wenn sich nicht die Mehrheit der jungen Leute an der Studentenbewegung beteiligt hatte, so hatte sich das Klima in Deutschland verändert. Ein tiefer Riss ging durch die Generationen, man begegnete einander mit Misstrauen und Vorurteilen. Kann eine Generation, die mitverantwortlich ist für den Nationalsozialismus in Deutschland, noch glaubwürdig irgendwelche Werte vertreten? Stimmen diese Werte, die all die Verbrechen dieser Zeit nicht verhindert haben, überhaupt noch? Muss sich diese Gesellschaft nicht grundlegend verändern? Ihre kritischen Anfragen richteten die jungen Leute an alle Institutionen, auch an die Kirche.

Mit diesen Fragen kamen vor allem die Jugendlichen aus Deutschland nach Taizé. In seinem Buch „Die Gewalt der Friedfertigen", das 1968 erschien, hat Frère Roger auch Tagebucheintragungen abgedruckt. „Gespräch mit 20 jungen Westberlinern. Sie sind von Hause aus Protestanten, lassen aber ihre Skepsis jeder institutionellen Kirche gegenüber erkennen. Nur die Gewalt interessiert sie. An ihnen lastet die Erinnerung an einen der Ihren, der bei einer Kundgebung von der Polizei getötet wurde."

Frère Roger wusste, dass jeder Mensch in sich die Neigung zur Gewalt und Gewalttätigkeit trägt. Christen reagieren darauf entweder damit, dass sie dies verdrängen und sich passiv verhalten, sich also auch nicht für jene einsetzten, die unter Unrecht leiden. Oder sie bejahen die zerstörerische Gewalt und sind auch bereit, mit der Waffe für die Unterdrückten zu kämpfen. Die Folgerung, die Frère Roger daraus zog, lässt aufhorchen: „Das Evangelium speit die Lauen aus, die Glühenden finden zu ihm. Die Wirklichkeit Christi werden nur gewinnen, die Gewalt anwenden. Kann es dann aber einen dritten Weg zwischen lauer Tatenlosigkeit und zerstörerischer Gewalttätigkeit geben?" Diesen „Dritten Weg" muss jeder für sich selbst finden. Er lässt sich nicht im Voraus bestimmen.

In seinem Gespräch mit den jungen Berlinern machte Frère Roger allerdings auch die Bedingungen für den Einsatz von Gewalt deutlich. „Gewalt ist nur dann notwendig, wenn alle Mittel des passiven Widerstands und alle Bemühungen, zu überzeugen, eingesetzt worden sind. Zu diesem Äußersten darf man nur schreiten in einem Geist, der rein ist von allen persönlichen Interessen. Dabei muss man sich klar darüber sein: Wer zum Schwert greift, kommt durch das Schwert um." An anderer Stelle hatte er in seinem Tagebuch notiert: „Die Gewaltsamkeit der Friedfertigen bricht die Kettenreaktionen der Mächte unserer Zeit, der Mächte, die eine unerträgliche Gewalttätigkeit zu tarnen suchen: die Zwangsherrschaft über die Armen." Als er dies niederschrieb, standen ihm gewiss die Erfahrungen seiner Brüder und seiner Freunde vor allem in Lateinamerika vor Augen, aber auch in anderen Regionen der „Dritten Welt".

Das offene Gespräch, der Austausch untereinander, das Zuhören und gemeinsame Schweigen gehörten von Anfang zu Taizé.

Die Distanz der Jugendlichen zur Kirche darf nicht verwechselt werden mit einer Ablehnung der christlichen Botschaft. Immer wieder trafen sich junge Leute in Taizé und diskutierten über die Frage: „Wie können wir Christus für die Menschen leben?" Im Sommer 1968 dachten 1800 Jugendliche darüber nach, was Glauben bedeutet. In diesem Jahr beendeten sowjetische Panzer den sogenannten „Prager Frühling", der auf eine Öffnung der Tschechoslowakei zum Westen und ein freieres Leben für die Menschen im Land hoffen ließ. In Nigeria tobte ein Bürgerkrieg, in dem Biafra, das sich selbstständig gemacht hatte, mit grausamer Härte unterdrückt wurde. Die Jugendlichen erlebten diese Ereignisse und ihre Ohnmacht, daran nichts ändern zu können. 1969 war das Thema der Treffen „Hoffnung – eine Herausforderung". Wie lässt sich Hoffnung angesichts all der Hoffnungslosigkeit leben? Menschen aus 42 Nationen trafen sich in Taizé, und Frère Roger sagte sich: „Leben wir nicht ein unerwartet zusammengekommenes Konzil der Jugend?"
Die Zeit schien reif zu sein, vielleicht mehr noch, die Zeit wartete auf dieses Zeichen. Zu Ostern 1970 kamen 2500 Menschen zusammen, die die Botschaft vernahmen: „Der auferstandene Christus kommt, um im Inneren des Menschen ein Fest lebendig werden zu lassen. Er bereitet uns einen Frühling der Kirche, die über keine Machtmittel mehr verfügt, bereit mit allen zu teilen – ein Ort sichtbarer Gemeinschaft für die ganze Menschheit. Er wird uns genügend Phantasie und Mut geben, einen Weg der Versöhnung zu bahnen. Er wird uns bereit machen, unser Leben hinzugeben, damit der Mensch nicht mehr ein Opfer des Menschen sei." Und dann verkündete Frère Roger: „Wir werden ein Konzil der Jugend leben." Auf diese Ankündigung folgte lang anhaltender Beifall.
In seinem Buch „Ein Fest ohne Ende", das 1971 erschien, erinnerte er an einen Ausspruch des Kirchenvaters Atha-

nasius: „Der auferstandene Christus macht das Leben des Menschen zu einem ununterbrochenen Fest." Ständig, so erläuterte Frère Roger diesen Satz, leben wir das Ostergeheimnis: „ein kleiner Tod nach dem anderen, denen die Anfänge der Auferstehung folgen. Hier liegt der Ursprung des Festes." Zwar wird das Herz durch den Tod gebrochen, aber es wird nicht verhärtet, sondern beginnt wieder zu leben. Das Fest verwandelt uns. Es richtet den niedergeschlagenen Menschen in uns wieder auf.
Die Kirche der Versöhnung vermochte auf die Dauer die vielen Menschen nicht mehr zu fassen. Es gab nur die Möglichkeit, sie nach Westen hin aufzubrechen und mit Zelten zu erweitern. Einer der Brüder konnte sich damit nicht einverstanden erklären; so wartete Frère Roger ab. Als dann die Anmeldungen zum nächsten Treffen kamen, war man gezwungen, Absagen zu schicken. Aber das war noch weniger vorstellbar, das wollte niemand. Das konnte nicht im Sinne Jesu sein. So willigten alle ein, und 1971 wurde die Westwand mit ihren herrlichen großflächigen Buntglasfenstern herausgebrochen, und Zelte schlossen sich an das Gebäude an. In der Folgezeit entstanden auch ein Gästehaus und eine Reihe von Nebengebäuden, Tausende von Menschen mussten versorgt werden; sie mussten übernachten und verpflegt werden. Die organisatorischen Aufgaben wuchsen, aber nie musste jemand abgewiesen werden. Gastfreundschaft, so mahnt das Neue Testament, ist ein hohes Gut. Taizé war sich dessen von Anfang an bewusst gewesen.
Auch die Communauté war mit den Jahren größer geworden, sie umfasste nun reformierte, lutherische und anglikanische Christen. 1969 trat ein katholischer Arzt der Gemeinschaft bei, der Erzbischof von Paris, Kardinal Gabriel Marty, stimmte dem zu. Einige Zeit später wurde der erste katholische Priester, auch er mit der Zustimmung seines Bischofs, aufgenommen. Aus der evangelischen Gemein-

schaft war eine ökumenische geworden. Damit wurde auch deutlich, dass die Communauté keine neue Kirche darstellt; jedes Mitglied gehörte auch weiterhin seiner alten Konfession an. Diese Gemeinschaft von evangelischen und katholischen Christen weist auf die erhoffte sichtbare Einheit der Kirche hin. In einem Text des jährlich zusammenkommenden Bruderrates stand: „Die einfache Tatsache, dass wir katholische Brüder unter uns haben, spornt uns an, mehr und mehr eine Vorwegnahme der Einheit zu leben, indem wir uns einreihen in die Gemeinschaft mit dem Diener, der Knecht der Knechte Gottes ist." Damit war auch die Frage nach dem Papsttum gestellt. Wie kann aber eine Kirche eine sichtbare Gestalt haben, wenn sie nicht auch einen Hirten hat? Er sollte nicht an der Spitze der Pyramide stehen, sondern in ihrer Mitte. In aller Vorläufigkeit, aber auch in aller Vorbildlichkeit lebt die Communauté diese Einheit mit ihrem Prior in der Mitte.
Viereinhalb Jahre dauerte die Vorbreitung für das Konzil der Jugend, ein „inneres Abenteuer" wurde zu einem „öffentlichen Abenteuer". Am 30. August 1974 läuteten dann um 19 Uhr die Glocken von Taizé, 40 000 Menschen sammelten sich. Vor der Kirche der Versöhnung standen fünf bunte Zirkuszelte, und eine Lautsprecheranlage übertrug die Reden, jeweils in eine andere Sprache übersetzt, in eines der Zelte. Menschen aus hundert Ländern der Erde waren zum Gebet versammelt. Unter ihnen auch die Vertreter der Kirchen: des Papstes und des ökumenischen Rates der Kirchen sowie der verschiedenen evangelischen, orthodoxen und anglikanischen Kirchen.
Der Ökumenische Rat der Kirchen in Genf, der alle christlichen Kirchen mit Ausnahme der römisch-katholischen vertritt, verhielt sich zunächst abwartend. Das änderte sich mit dem Generalsekretär Eugene Carson Blake, der noch vor der Übernahme seines Amtes zu einem Besuch nach Taizé kam. Von da an waren Vertreter der Communauté zu

den Vollversammlungen des Ökumenischen Rates eingeladen, für mehrere Jahre wirkte ein Bruder auch als ständiger Mitarbeiter in Genf. Zum Konzil der Jugend kam nun der neue Generalsekretär Philipp Potter nach Taizé.
In einem „Ersten Brief an das Volk Gottes" haben die Jugendlichen ihr Anliegen formuliert: „Wir sind auf einer Erde geboren, die für die Mehrzahl der Menschen nicht bewohnbar ist. Durch eine unerträglich privilegierte Minderheit wird ein großer Teil der Menschheit ausgebeutet. Zahlreich sind die Polizeiregime, die die Mächtigen schützen. Multinationale Konzerne schreiben ihre Gesetze vor und setzen sie durch, Profit und Geld regieren. Wer die Macht hat, hört fast nie auf die Stimme der Stimmlosen. Und welchen Weg zur Befreiung erschließt sich das Volk Gottes? Es kann dieser Frage nicht ausweichen."
Der Samstagmorgen gehörte der Betrachtung des Gekreuzigten, die Stimmen der Stimmlosen erklangen. Es waren

Bei großen Treffen reichte der Platz in der Kirche der Versöhnung nicht, nach Westen wurde die Wand herausgebrochen, und der Gottesdienstraum wurde durch Zelte erweitert.

Schreie aus zwölf Ländern zu hören, in denen Menschen in Armut und Unterdrückung leben mussten. Frère Roger kündigte an, dass er nach Chile fahren werde, um dort mit den Opfern der Militärdiktatur zusammenzuleben. Er wollte zuhören, mit ihnen reden und beten,

Der Gottesdienst am Samstagabend stand im Zeichen der Auferstehung, ebenso am Sonntagmorgen Wenn Christus sagt „Ich bin gekommen, um ein Feuer auf Erden zu entzünden", was will er dann anders, als dass dieses Feuer brennt? Die Kirche ist zum „Volk der Seligpreisungen" berufen: „ein armes Volk, das kontemplativ lebt und Frieden schafft, das Träger der Freude und eines befreienden Festes für die Menschen ist, auf die Gefahr hin, dass du verfolgt wirst um der Gerechtigkeit willen." Es ist der Auftrag der Kirche, der Welt ein lebendiges Gleichnis der Gemeinschaft und des Miteinanderteilens zu geben.

In Taizé brachten die Jugendlichen ihre Erfahrungen mit, die so unterschiedlich waren, wie die Länder und die Situationen waren, aus denen sie kamen. Sie konnten miteinander reden und beten. Sie spürten, dass sie nicht auf sich allein gestellt waren, sondern dass sie alle zusammengehörten und „Teil eines einzigen Volkes" waren. Sie waren in diesen Tagen das lebendige „Volk der Seligpreisungen".

Die Zuversicht und die Kraft schöpften sie aus der Quelle des Glaubens. Im „Ersten Brief an das Volk Gottes" heißt es dazu: „Der auferstandene Christus wird uns genügend Mut und Phantasie geben, Zeichen des Widerspruchs im Sinne des Evangeliums zu werden." Ein Volk, das nach Gott dürstet, sollen sie sein, „ein Volk der Gerechtigkeit, das den Kampf der ausgebeuteten Menschen und Völker miterlebt, und ein Volk der Gemeinschaft, in dem auch die Nichtglaubenden einen schöpferischen Platz finden." Offen war und ist Taizé nicht nur für die Glaubenden, auch die Suchenden und Zweifelnden kamen und kommen, wurden und werden herzlich aufgenommen.

Frère Roger kannte selbst aus eigener Erfahrung diese Situation und wusste, dass gerade diese Jugendlichen jemanden brauchen, der für sie da ist, der ihnen zuhört und der auch ihr Schweigen teilt. Der Glaube, der uns trägt, gibt uns die Kraft, auch andere zu tragen. Bis spät in die Nacht saßen er und andere Brüder in der Kirche der Versöhnung, um für andere da zu sein.

Selbst diese Tage, so reich und erfüllt sie auch waren, gingen vorüber. Taizé war ein Erlebnis, ein großartiges Fest, aber der Alltag sah oft genug anders aus. Inständig bat der damalige Vorsitzende der Deutschen Bischofskonferenz, Kardinal Julius Döpfner, die Teilnehmer eines Wochenendtreffens einmal: „Die Kirche braucht euch, sie braucht euch nicht um ihretwillen, sondern um Christi willen, um ihrer Sendung willen und um der Menschen unserer Zeit willen. Und so lautet meine Bitte an euch an diesem Tag des Volkes Gottes: Tragt aus den festlichen Tagen von Taizé euren Glauben und eure Kraft hinein in den Alltag der Kirche daheim in euren Ländern." Taizé will keine eigene, keine neue Kirche sein. Sie ist das sichtbare Gleichnis der Einheit der Kirche, und sie will ausstrahlen und hineinwirken in die verschiedenen Kirchen, damit sie zusammenwachsen und gemeinsam sich den Aufgaben stellen, die die Welt und die Zeit an sie stellt. In der Bibel gebraucht Jesus das Bild vom Sauerteig, der den gesamten Teig durchwirkt, damit dieser aufgehen kann. Darin beseht die Aufgabe des „Volkes der Seligpreisungen".

Dem Konzil der Jugend in Taizé folgten eine Reihe von kleineren Konzilstreffen in verschiedenen Ländern. Sie begannen noch im selben Jahr in Mexiko, setzten sich in Argentinien und Brasilien fort. In Chile traf sich Frère Roger, wie er es angekündigt hatte, mit Familien von Verhafteten und sprach mit Vertretern der Kirchen. Rückblickend schrieb er: „Vielleicht ohne es zu wissen, webt das Konzil der Jugend ein Stück vom Rock Christi, der Kirche. Ganz verschiedene

Fäden, hell oder dunkel, gefärbt vom Licht der Freude oder düster von vergossenem Blut."

Die Treffen wurden in Nordamerika und Afrika fortgesetzt und fanden dann 1976 in Bangladesh, auf den Philippinen und in Indonesien ihren Abschluss. Überall lebten die Gäste mit den Ärmsten zusammen, gingen viele Stunden zu Fuß, aßen miteinander, hörten einander zu und beteten gemeinsam. Sie feierten in vielen Sprachen das Fest des Lebens.

Retter allen Lebens,
freuen sollen sich,
die dich suchen.
An einer Stelle im Evangelium
sagst du zu uns:
„Ich kenne deine Bedrängnis
und deine Armut,
und doch bist du erfüllt."
Wovon erfüllt?
Von den lebendigen Quellen,
die zutiefst in jedem Menschen
verborgen sind.

Frère Roger

7. „Ein Gleichnis des Miteinanderteilens"

In dem Buch „Aufbruch ins Ungeahnte" (1976) schrieb Frère Roger: „Bis ans Ende der Welt, ja wenn nötig, bis an die Grenzen der Welt würde ich gehen, um mein Vertrauen in die neue Generation, mein Vertrauen in die Jugend immer wieder hinauszurufen, wieder und wieder."

Papst Paul VI. fragte ihn einmal nach dem Schlüssel zur Jugend. Frère Roger antwortete, dass er ihn auch nicht besitze. Es war einfach dies grenzenlos unerschütterliche Vertrauen, das er in die Jungendlichen setzte und das sie spürten. Es war die Authentizität dieses Mannes, der sie anhörte und nicht gleich auf alle Fragen eine Antwort hatte, aber der bereit war, sich mit ihnen auf die Suche zu machen und auch bis an die Grenzen der Welt zu gehen. Und sie gingen gemeinsam bis an das Ende der Welt.

1976 bereitete Frère Roger eine neue Reise vor. Sie sollte in Westeuropa beginnen, wo die Menschen zwar in Wohlstand leben, aber innerlich arm sind und an Einsamkeit und Mutlosigkeit leiden. Ihr Ziel sollte Indien und Bangladesh sein, wo die Menschen in Armut leben, aber in Solidarität und Hoffnung. Den Anfang machten Treffen in Tübingen und Münster. Sie wurden von Gruppen vor Ort vorbereitet, und wenn Frère Roger einmal gesagt hatte, dass die Reise vielleicht auch nur einige Meter weit führen kann, zum nächsten Stadtviertel oder zum nächsten Dorf, so bekam diese Aussage ihre Bedeutung bereits für die ersten Stationen. Die Jugendlichen gingen in Krankenhäuser und Altersheime, sie besuchten die Viertel, in denen Ausländer wohnten, und sie suchten die Häuser für Obdachlose auf. Grenzen gab es schon vor Ort zu überwinden. Zum ersten Mal sprachen ausländische Arbeiter mit Einheimischen über ihren Glauben, ihre Sorgen und ihre Hoffnungen. Am Abend traf man sich jeweils zum gemeinsamen Gebet in der Kirche.

In Kalkutta suchte Frère Roger die Sterbehäuser auf. Ihm ging ein Vergleich mit Europa durch den Sinn. Dort existieren in dieser überorganisierten Welt „unsichtbare Sterbehäuser", in denen sich „lebendige Tote" aufgegeben haben, weil sie keinen Sinn mehr in ihrem Leben sehen.
In Kalkutta traf er auch Mutter Teresa. Mit ihr zusammen verfasste er eine Botschaft: „Angesichts der Wunden der Menschheit werden uns die Spannungen unter den Christen unerträglich. Werden wir unsere Trennungen aufgeben und uns von der Angst freimachen? Wozu bei jeder Streitigkeit danach suchen, wer Recht und wer Unrecht hatte? Werden wir auf unserer Suche nach Versöhnung lernen, wie wir das Beste von uns selbst zur Verfügung stellen und das Beste von anderen aufnehmen können, in derselben Liebe füreinander, mit der Christus uns liebt?"
Frère Roger kümmerte sich in Kalkutta um ein etwa vier Monate altes Mädchen mit Namen Marie-Sonaly. Die Mutter war bei der Geburt gestorben. Mutter Teresa vertraute ihm dieses Kind an. Er nahm es in den Arm, und man sagte ihm, dass es nicht lange leben würde. Es habe nicht die Kraft, den Winter zu überstehen. Er sprach zu dem Kind, es war die erste männliche Stimme, die es vernahm, und dem Kind prägte sie sich ein. „Sehen Sie, es hängt schon an Ihnen. Bringen Sie es nach Europa, vielleicht überlebt es dort", sagte man ihm. Nun begannen die Behördengänge, dann aber endlich kam die Erlaubnis: Frère Roger konnte das Mädchen mit nach Taizé nehmen. Ohne Hilfe wäre es gestorben. Alles, was man ihr zu essen gab, brach sie wieder aus. Sie war unruhig, nur in den Armen des Priors konnte sie schlafen. Sie lebte in seinem Zimmer; sie schlief auf seinen Knien, während er arbeitete. Er sang ihr etwas vor, und sie erkannte seine Stimme. Die Brüder unternahmen alles Menschenmögliche, sie suchten einen Facharzt in Paris auf. Marie-Sonaly wurde wieder gesund. Eines Tages überraschte sie ihren Paten mit einem Blumen-

Frere Roger im Armenviertel von Kalkutta

strauß. Für Frère Roger war das ein unbeschreiblich glücklicher Moment. Einmal musste er ins Krankenhaus zu einer Augenoperation, weil ihm der Staub in einem Slum auf Haiti schwer zu schaffen gemacht hatte. Da ergriff sie seine Hand und sagte zu ihm: „Verlass mich nicht!" Sie wollte seine Hand nicht loslassen. Frère Roger war sehr berührt, und der Gedanke, er könnte es sein, der jemanden das Gefühl geben könnte, dass er einsam und verlassen sei, ging ihm sehr nahe. Er sagte sich: „Sollte Gott darum bitten, mich noch eine Weile leben zu lassen, dann ihretwegen.

Sie hängt so sehr an mir, sie ist noch zu jung für einen Bruch." Damals lebte Marie-Sonaly bereits im Dorf bei seiner Schwester Geneviève, aber es verging kein Tag, an dem sie sich nicht gegenseitig besuchten.

Bei der Rückkehr aus Asien hatten sich etwa zehntausend Jugendliche am 5. Dezember 1976 in Notre Dame von Paris versammelt. „Paris wach auf!", rief der Kardinal angesichts der jungen Leute in der halbdunklen Kathedrale seiner Ortskirche zu. Frère Roger berichtete dort von der Gemeinschaft mit den Menschen in Kalkutta: „Wir lebten in einem sehr armen Stadtteil. Eine zehnköpfige Familie hat uns in ihr kleines Haus aufgenommen, wo wir schließlich zu dreißig in drei kleinen Räumen und einem Abstellschuppen wohnten. Unsere Gottesdienste hielten wir im Hof, zusammen mit den Menschen aus dem Viertel. Vormittags arbeiteten wir mit vielen anderen in Sterbehäusern und Heimen für abgegebene Kinder und in einigen Slumgebieten der Stadt. Nachmittags trugen wir unsere Vorstellungen und Gedanken für den ‚Brief an das Volk Gottes' zusammen. Abends trafen wir uns mit unseren Nachbarn. Wir sind beeindruckt, wie vorbehaltlos wir teilen können und mit welcher Selbstverständlichkeit sie uns aufnahmen. Kinder aller Altersstufen waren von frühmorgens an mit uns zusammen. An einem Abend kam der Kardinal von Kalkutta, Lawrence Picachy, der Vorsitzende der Indischen Bischofskonferenz, zu uns und feierte mit uns und den Menschen aus dem Viertel im Hinterhof eine Messe."

In Kalkutta und in Bangladesh entstand der „Zweite Brief an das Volk Gottes". Er nahm die Erfahrungen dieser Aufenthalte auf. Es war ein eindringlicher Appell an die westliche Welt. Dieses zweite Schreiben wird getragen von der Überzeugung, dass die Wunden, die die Menschheit zerreißt, geheilt werden können. Das Volk Gottes kann innerhalb der Menschheitsfamilie ein „Gleichnis des Miteinanderteilens" setzen. Der Brief mahnt, nicht dem Konsumzwang

zu verfallen. Er führt nur zur größeren Abhängigkeit. Auch das Anhäufen von Rücklagen führt letztlich nur zur Ungerechtigkeit.
Die Kirchen bat er eindringlich, in den nächsten sieben Jahren zu prüfen, ob die geplanten Projekte und Vorhaben notwendig seien oder nur dem Prestige und der Repräsentation dienten. So könnten die nötigen Mittel für den Aufbau der Kirchen und der menschlichen Gemeinschaft in den Gebieten der „Dritten Welt" aufgebracht werden.
Konkret sind auch die weiteren Vorschläge für andere: Die Wohnungen sollten so einfach wie möglich sein; stattdessen sollten Nachbarn besucht werden und mit anderen zu einem Fest eingeladen werden. Das „Gleichnis des Miteinanderteilens" fordert auch menschenwürdige Arbeitsbedingungen und eine Angleichung der Löhne sowie den Verzicht auf Karriere und Konkurrenzkampf. Im Blick auf die Welt ist eine Neuverteilung der Güter notwendig, und das schließt auch eine Veränderung der Strukturen ein.
Der Zweite Brief an das Volk Gottes wurde sehr intensiv diskutiert. Sowohl in Westdeutschland wie auch in der DDR haben sich nicht nur Jugenliche, sondern auch kirchliche Synoden mit ihm auseinander gesetzt. In evangelischen wie katholischen Gremien gab er Impulse, über das eigene Verhalten und die Verantwortung für die Welt nachzudenken. Philip Potter, der Generalsekretär des Ökumenischen Rates der Kirchen, schrieb: „Ohne diese Funken, die zeigen, dass Menschen entschlossen sind, sich bis in ihr Wesen hinein neu gestalten zu lassen, blieben die neue internationale Wirtschaftsordnung, eine wirksame Abrüstung, ein tatsächliches Ernstnehmen der Menschenrechte, ein gelebtes Teilen aller Mittel zwischen denen, die damit versehen sind, und denen, die ihrer beraubt sind, bloß fromme Wünsche. Der Mensch muss sich wiederfinden, damit er sich hingeben kann: sich wiederfinden im Herrn, im anderen, um sich anders geben zu können."

Aus dem Zweiten Brief an das Volk Gottes

Es gibt nur eine Menschheitsfamilie. Kein Volk, kein einziger Mensch ist von ihr ausgeschlossen. Können wir uns jemals damit abfinden, dass Glieder dieser Menschheitsfamilie Opfer des Rassismus sind, aus politischen Gründen im Gefängnis sitzen und allen Formen der Gewalt ausgesetzt sind? In mehr als neunzig Ländern wird heute auf gemeinste Weise gefoltert. Augenblicklich werden die Grundrechte der Menschen eingeschränkt oder völlig aufgehoben.
Angesichts so vieler Wunden in der Menschheitsfamilie stehen wir ständig vor der Aufgabe, auf mehreren Ebenen gleichzeitig zu arbeiten. Akzeptiere, dass andere einen anderen Weg wählen, um dasselbe Ziel zu verfolgen. Die einen arbeiten mit Beharrlichkeit und Ausdauer an einer Änderung der Gesellschaftsstrukturen und führen einen politischen Kampf auf lange Sicht. Andere engagieren sich in spontanen und direkten Solidaritätsaktionen mit den Opfern der Gesellschaft.
Woraus die Energien der Liebe schöpfen, um so viele Wagnisse einzugehen bis zum letzten Atemzug?
Kann einer, der menschliche Liebe nicht kennt oder sie anderen nicht entgegenbringt, den Kampf für den Menschen und ein Leben in Gemeinschaft mit Gott verstehen?
Das Gebet ist für dich eine Quelle der Liebe. Das Bildnis Gottes im Menschen ist das Brennen einer Liebe. In unendlicher Absichtslosigkeit überlass dich selbst, deinen Geist und deinen Körper. Nimm täglich einige Worte aus der Schrift in dich auf, um dich einem anderen als dir selbst, dem Auferstandenen, gegenüberzustellen. Lass im Schweigen ein lebendiges Wort von Christus in dir aufsteigen, um es sogleich in die Tat umzusetzen. [...]
Wenn das Volk Gottes seinen Platz mitten unter den Menschen, so wie sie heute leben, finden will, ist es nicht verwunderlich, dass es auch selbst von Krisen erfasst und erschüttert wird. Und doch sind im Leib Christi, seiner Kirche, Neuanfänge und Aufbrüche an vielen Orten spürbar. Und auch du trägst einen Teil der Verantwortung für ihre Zukunft.

Wenn die Kirche sich von allem trennt, was sie nicht unbedingt braucht, wenn sie nur der Gemeinschaft und dem Teilen aller Menschen untereinander dienen möchte, beteiligt sie sich am Heilungsprozess der verwundeten Menschheitsfamilie. Sie wird die Strukturen der Ungerechtigkeit ins Wanken bringen, die Wellen des Pessimismus brechen und uns aus der gegenwärtigen Vertrauenskrise in den Menschen herausführen.
Durch das Gleichnis des Miteinanderteilens wird die Kirche in der auseinander gerissenen Menschheitsfamilie zu einer Saat, die einen ganz anderen gesellschaftlichen Entwicklungsprozess hervorbringen wird. Sie wird zur Trägerin einer Hoffnung, die kein Ende kennt.

In Bangladesh sah Frère Roger ein Kind auf dem Boden kauern. In einem Arm hielt es ein Baby, mit dem anderen versuchte es, ein zweites aufzuheben. Für einen Moment konnte es beide halten, dann fiel es zu Boden. Diese Szene hatte sich Frère Roger tief eingeprägt, sie wurde für ihn zum Bild des unschuldig verletzten Kindes. Er fühlte sich darum Zeit seines Lebens den Kindern besonders eng verbunden.

In Kalkutta erreichte Frère Roger ein Brief eines Familienvaters aus Lateinamerika, der gerade aus politischer Haft entlassen worden war. Fünfzig Tage lang hatte er mit verbundenen Augen und Händen zugebracht, dann sagte man ihm, er solle in ein anderes Land gehen. Der Mann bat Frère Roger, dass er weiter für ihn beten solle. „Viele meiner Gefährten haben mir gesagt: Ich glaube nicht, aber bete für mich. Ich verstehe das kontemplative Leben immer besser. Gott weiß, was er tut, und dies alles wird Frucht bringen."
Die Frau von Luis Corvalán, der in Chile eine wichtige Funktion in der kommunistischen Partei innehatte, war überrascht, als sie erfuhr, dass sich Frère Roger für ihren Mann eingesetzt hatte. Er sollte hingerichtet werden, noch in der Nacht telefonierte man von Taizé nach Rom zu Papst Paul VI., der sofort in Chile interveniert hatte. Zu dem Prior sagte sie: „Sagen sie bei ihrer Rückkehr allen, dass es hier Christen gibt, die wie Licht sind." Sie sagte es, obwohl sie als Kommunistin wahrscheinlich nicht gläubig war. Für Frère Roger war das nicht von Bedeutung, er machte keinen Unterschied. Die Not des Menschen war das entscheidende Kriterium für sein Handeln.
1977 ging die Reise zum chinesischen Meer. Zusammen mit den Jugendlichen lebte er in einer Baracke inmitten des „schwimmenden Slums" in Hongkong. Mit einem klapprigen Bus erreichten sie ihr Ziel. Abgetrennt von einem Stacheldraht lag vor ihnen ein regelrechter Wald von Dschunken. Rund fünf Millionen Menschen lebten hier zusammengepfercht in diesem Areal. Ihre Hütte war aus einigen Balken, die zum Teil aus abgewrackten Schiffen stammten, notdürftig zusammengenagelt. Hier würde er mit den Jungen der Gruppe vier Wochen lang leben. Etwas weiter, auf einer Dschunke, waren die Mädchen untergebracht. Durch die breiten Fugen der Baracke, in der sie lebten, fegte der kalte Wind. Es war November.

Die Gruppe selbst war schon ein Symbol für die Menschheitsfamilie: Jugendliche aus Brasilien, aus China und Thailand, vom Kongo und den Philippinen, aus Indonesien und Frankreich. Die Jugendlichen versuchten die Lebensverhältnisse dieser so geprüften Menschen auf das eigene Leben zu übertragen. Sie wollten ihnen in ihrer Armut und ihrer Not nahe sein. Solidarisch Leben bedeutet allerdings auch, nach Möglichkeiten zu suchen, die Forderung der Menschenrechte umzusetzen. Als Frère Roger einmal in einem Gottesdienst gebeten wurde, zu dieser Frage zu sprechen, sagte er: „Eine ganze junge Generation sehnt sich heftig nach Gerechtigkeit und steht in einem zweifachen Kampf: Kampf in sich selbst, um Christus bis in den Tod die Treue zu halten, und Kampf, um den Menschen, Opfer des Menschen, zu befreien. Diese Jugendlichen vereinen Kampf und Kontemplation. Wer Christus nachfolgt, sucht mit einem versöhnten Herzen zu kämpfen." Allerdings warnte er auch, denn wer den Worten keine Taten folgen lasse, der zerstöre etwas Wesentliches in sich selbst. „Er läuft in Gefahr, zwar sein eigenes Gewissen zu beruhigen, das Gewissen der anderen jedoch einzukerkern."
Die Jugendlichen richteten sich in der zugigen Hütte ein. An einer Ecke des Raumes wurde eine Kapelle provisorisch errichtet. Morgens zogen die Jugendlichen los. In der Dschunkenlandschaft erwachte das Leben. Kinder schrien, Hunde bellten, Händler priesen ihre Waren an. Der Lärm dieser alltäglichen Geschäftigkeit begleitete die Jugendlichen, die christliche Gemeinschaften aufsuchten. Sie halfen in einer Krankenstation und sprachen mit den Arbeitern. Sie luden sie in ihre Hütte zum Essen ein. Sie kamen und mit ihnen auch Kinder und Ältere. Manchmal waren es sechzig Personen, die sich in dem kleinen Raum drängten. Zwanzig Personen passten in den Schlafsaal, den sie sich mit einer Horde Ratten teilen mussten, die nachts ihre Streifzüge unternahmen und von einem Schlafenden zum

anderen sprangen. Eines Tages wurden Frère Roger und die Jugendlichen Zeuge eines Brandes, fast fünfzig Dschunken und Fischerboote wurden Opfer des Feuers. Es machte Dutzende von Familien brotlos und stürzte sie in die Obdachlosigkeit. Die Gruppe teilte mit ihnen die Not und auch die Hoffnung, die sie zusammenschloss. Auf der Rückreise lebten sie noch eine Zeitlang in Bangkok und trafen dort mit Flüchtlingen zusammen. Als sie wieder in Europa waren, feierten sie zum Abschluss in Breda in den Niederlanden einen Gottesdienst. Nur eine Gemüsehalle konnte die 7000 Jugendlichen fassen. Sie saßen auf Obstkisten und Pappkartons. Ein Meer von Teelichtern verwandelte die Halle. Dort wurde der „Brief an alle Generationen" verlesen, der in Hongkong entstanden war und in dem es hieß:

„Unser Aufenthalt unter den Chinesen brachte uns zu dieser Überzeugung: Jedes Lebewesen, wo auch immer, ist durch den Geist Gottes bewohnt. Christus ist so eng an den Menschen gebunden, dass er überall gegenwärtig ist, wo es Menschen gibt. Erkannt oder unerkannt begleitet Christus jeden Menschen. Dennoch hat die Gemeinschaft der Kirche sichtbare Konturen, nämlich die Umrisse des Leibes Christi. Aber diese Gemeinschaft reicht zugleich unermesslich weiter, als es sich der menschliche Geist vorstellen kann: für Gott ist die Kirche ebenso umfassend wie die ganze Menschheit. [...]
Überall auf der ganzen Erde, oft mitten unter denen verborgen, die Christus nicht kennen, werden solche kleineren Orte des Miteinanderteilens wie zur Hefe, die einen ganzen Teig aufgehen lässt und seine hartgewordene Kruste zum Aufbrechen bringt. Ihr einfaches Vorhandensein, anscheinend ohne Wirkung, wird ein Stück der Gemeinschaft für die ganze Menschheitsfamilie aufblühen lassen."

Frère Roger und Mutter Teresa, mehrfach haben sich beide gegenseitig besucht. Gemeinsam teilten sie das Engagement für die Ärmsten und Schwächsten der Gesellschaft. Ihr Einsatz hat seine Wurzeln in einem tiefen Glauben, der sie das Unmögliche wagen lässt und der ihnen die Kraft gibt, ihr Vorhaben auch gegen unüberwindlich scheinende Widerstände durchzusetzen. Beide wissen um den unendlichen Wert, den Gott in das Leben jedes Menschen gelegt hat. Zusammen haben sie drei Bücher verfasst, darunter eine Kreuzwegmeditation. Mutter Teresa schrieb zur Station der Kreuzabnahme Jesu:
„Die Liebe zu den Armen muss in unserer Gesellschaft ein loderndes Feuer sein. Wie sich um ein erlöschendes Feuer niemand mehr kümmert, wird unsere Gemeinschaft nicht mehr von Nutzen sein und aufhören zu leben, wenn ihr die Liebe fehlt.
Die Liebe gleicht einem brennenden Feuer: je trockener das Brennmaterial ist, desto heller leuchtet es. Ebenso müssen wir unsere Herzen von allen irdischen Überlegungen befreien und in Freiheit dienen ... Die Liebe Gottes muss uns zu einem vorbehaltlosen Dienst befähigen. Je abstoßender die Arbeit ist, desto größer muss die Liebe sein, wenn sie dem Herrn unter der Hülle des Jammers Hilfe bringen will ..."

Mutter Teresa (1910-1997)

„Der höchste Zweck des menschlichen Lebens besteht darin, in Frieden zu sterben", steht über dem Sterbehaus von Kalkutta. Es ist zum Symbol der Nächstenliebe in der Welt geworden. 1910 kam Agnes Bojaxhiu in Skopje/Makedonien zur Welt. Bis zum frühen Tod ihres Vaters wuchs sie in einem wohlbehüteten Elternhaus auf. Ihre Mutter machte es aber noch möglich, dass sie eine weiterführende Schule besuchen konnte. Als sie einen Jesuiten von der Indienmission erzählen hörte, beschloss sie, Nonne zu werden. Sie trat dem irischen Loretoorden bei, der in dem Land tätig war. Als Schwester Teresa unterrichtete sie in Kalkutta die Kinder aus wohlhabenden Häusern. Auf einer Fahrt nach Darjeeling am 10.9.1946 erfuhr sie ihre zweite Berufung. „Ich fühlte, dass Gott mehr von mir verlangte", sagte sie rückblickend. Sie verließ den Orden mit dem Ziel, von nun an unter den ärmsten Menschen von Kalkutta zu wirken. Völlig mittellos begann sie mit ihrer Arbeit. Sie unterrichtete die Kinder unter freiem Himmel und besuchte daneben Kranke. Einige ihrer ehemaligen Schülerinnen schlossen sich ihr an. Von einem Muslimen wurde ihr ein Haus zur Verfügung gestellt, und 1950 wurde der Orden der „Missionarinnen der Nächstenliebe" gegründet, dessen Tracht das weiße Kleid der Saris mit der blauen Borte wurde. Mutter Teresa sorgte sich um die Obdachlosen und nahm sich der Sterbenden an. Nicht die Verbesserung der Welt, nicht die Bekehrung der Menschen, allein die Nächstenliebe sah sie als ihre Aufgabe. Bis zu ihrem Tod 1997 entstand ein umfangreiches Werk, das weltweit sich für die Hungernden, die Kranken und Sterbenden einsetzt. In drei Jahrzehnten wurden 250 Niederlassungen in 52 Ländern gegründet. 1963 entstand auch ein Männerorden, der unter den Leprakranken und Drogensüchtigen tätig ist. Ihr Werk wird fortgesetzt.

8. „Pilgerweg des Vertrauens auf der Erde"

Das Wirken Frère Rogers hatte weite Kreise gezogen. So konnte es auch nicht ausbleiben, dass man begann, ihn mit Preisen und Auszeichnungen zu ehren. 1974 sollte er den Friedenspreis des Deutschen Buchhandels erhalten. Frère Roger zögerte. Ihm war bei dem Gedanken, dass er sich in die Gesellschaft der Honoritäten begeben sollte, nicht ganz wohl. Was würden die Jugendlichen denken? Aber konnte er so ohne weiteres diese Auszeichnung ausschlagen? Zu den Preisträgern zählten Persönlichkeiten wie der Theologe und Arzt Albert Schweitzer, der Religionsphilosoph Martin Buber oder – posthum – der Pädagoge Janusz Korczak. Frère Roger nahm den Preis an, allerdings unter einer Bedingung: Statt der Rede zur Annahme der Auszeichnung wollte er ein Gespräch mit Jugendlichen führen. Kommunikation bedeutete für ihn zugleich Kommunion, die Gemeinschaft zwischen den Kulturen und Nationen, aber auch zwischen den Generationen. Die Kinder, so führte er aus, sind die lebendige Erinnerung an die schöpferischen Begabungen, die in jedem Menschen liegen. Aber auch ohne die Älteren ist diese Erde nicht bewohnbar, denn „sie schaffen Zugang zu den Lebensquellen, die bei den Jüngeren noch im Verborgenen liegen."

Die Jugendlichen, die am Gespräch in der Frankfurter Paulskirche teilnahmen, in der die Preisverleihung am 13. Oktober 1974 stattfand, waren von Anfang an am Konzil der Jugend beteiligt gewesen. Eine von ihnen, Britta, erklärte: „Wir werden es wagen, uns gemeinsam und unwiderruflich zu engagieren, um das Unverhoffte zu gestalten, den Geist der Seligpreisungen im Volk Gottes zur Entfaltung kommen zu lassen und ein Ferment zu sein für eine Gesellschaft ohne Klassen und Privilegierte." Damit hatte sie das Ziel umschrieben, auf den sich die Communauté von Taizé aufgemachte hatte und mit ihnen viele Jugendliche.

Allerdings wurden mit der Zeit auch die Grenzen deutlich, an die das Konzil der Jugend gestoßen war. Ein Treffen in dieser Größenordnung konnte nicht einfach auf einer grünen Wiese stattfinden, es war organisatorisch auf die Dauer nicht zu bewältigen. Also wurde das Konzil der Jugend zunächst ausgesetzt. Die Brüder fragten sich, ob diese Form überhaupt die richtige sei. Ist es nicht sinnvoller, sich gemeinsam auf den Weg zu machen, Jugendliche wie Erwachsene, um dort, wo Menschen leben, Zeichen der Versöhnung und Hoffnung zu setzen?
Ein solcher Weg würde ein Wagnis sein. Pilger sind Menschen, die ein solches Risiko eingehen, die sich völlig mittellos aufmachen und deren Schritt vom Glauben getragen wird.
1979 befanden sich einige Brüder und Jugendliche in Temuco, einem Ort in Südchile, in dem vor allem Mapuches-Indianer leben. Dort begann der Pilgerweg, der zunächst noch „Pilgerweg des Vertrauens" hieß, bald aber zum „Pilgerweg des Vertrauens auf der Erde" wurde. In Temuco verfasste Frère Roger die „Wegskizze eines Pilgers".
Dort heißt es: „Du willst, ohne zurückschauen, Christus nachfolgen: erinnere dich daran, dass in seiner Nachfolge stehen niemals sich selber folgen heißt. Er ist der Weg, und auf diesem Weg wirst du unweigerlich zu einem ganz einfachen Leben, einem Leben des Miteinanderteilens geführt. Das Evangelium bringt dich dazu, alles zu verlassen. Doch sich verlassen heißt niemals sich selbst zerstören, sondern sich für Gott als die Liebe deines Lebens zu entscheiden. Vereinfachen und teilen heißt nicht, in puritanische Strenge oder jene Selbstgerechtigkeit verfallen, die andere bedrückt, und heißt auch nicht, die qualvolle Armut verherrlichen. Vereinfachen, um intensiv zu leben: dann wirst du den Geschmack am Leben finden, der so eng mit dem Geschmack am lebendigen Gott zusammenhängt. Vereinfachen und teilen heißt, sich in Christus Je-

sus hineinversetzen, der als Armer unter Armen geboren wurde." „Mach dir keine Sorgen", schloss Frère Roger sein Schreiben, „wenn du nur sehr wenig zu teilen hast: ganz wenig Glauben, wenig Besitz. Wenn du dieses Wenige teilst, schenkt Gott dir eine Überfülle, die nie versiegt."
Jedes Jahr nun schrieb der Prior den „Brief aus Taizé". Bevor er ihn allerdings abschloss, lebte er für einige Zeit in einem der Armenviertel in dieser Welt. So wurde der Brief von der konkreten Not, aber auch der tätigen Solidarität der Menschheitsfamilie sowie der leidenschaftlichen Hoffnung des Glaubens bestimmt. Dieses Schreiben bildete dann die Grundlage für die Gespräche der Jugendtreffen in Taizé und bei den Jugendtreffen, zu denen man als Stationen auf dem „Pilgerweg" um die Jahreswende jedes Mal in einer anderen europäischen Stadt zusammenkam.
1961 machte der Bau der Berliner Mauer den tiefen Riss deutlich, der durch Europa ging. Der sogenannte „Eiserne Vorhang" trennte die Menschen zwischen Ost und West. Frère Christoph, der als junger Kriegsgefangener drei Jahre in der Sowjetunion festgehalten worden war, schlug vor, dass jeweils zwei Brüder in die DDR und die osteuropäischen Länder fahren sollten, um Kontakte aufzubauen und zu pflegen. Während die Menschen im Westen in Freiheit leben konnten, erfuhren die Menschen im Osten Zwang und Unterdrückung. Die christlichen Kirchen, die für viele Menschen Orte der Zuflucht waren, wurden vom Staat in einem starken Maße bekämpft.
Zu den mutigen Wortführern in der evangelischen Kirche der DDR zählte der Landesbischof Dr. Johannes Hempel in Dresden. Zwei Jahre nachdem er 1972 in sein Amt eingeführt worden war, versuchte er, Frère Roger zu einem Jugendtreffen einzuladen. Er musste lange warten, bis sein Wunsch in Erfüllung ging. Mit einer unbeirrbaren Ausdauer und beispiellosen Hartnäckigkeit versuchte er immer wieder, beim Staat die Erlaubnis für das Treffen zu erhalten.

1980 erhielt er dann eine Zusage, zwar noch vage, aber die Vorbereitungen konnten beginnen. Einige Brüder machten sich von Taizé aus auf den Weg nach Dresden, um das Treffen vorzubereiten. Das musste alles unauffällig geschehen. Ohne Visum kam dann Frère Roger mit einigen weiteren Brüdern auf dem Flughafen an. Erst am Vorabend hatte Bischof Hempel die nötigen Unterlagen erhalten. Trotz all dieser widrigen Umstände fand 1980 das erste Jugendtreffen in der DDR statt. Tausende junger Menschen kamen aus allen Teilen des Landes, dazu noch 150 Tschechen und Slowaken, um sich zum Gebet in der Dresdner Kreuzkirche zu versammeln. Landesbischof Dr. Hempel war so bewegt, dass er kein Wort hervorbringen konnte. Er musste es auch nicht, das Gebet verband die Menschen über Grenzen hinweg.

Als „unaufdringlich und beharrlich" wurde der sächsische Bischof bezeichnet, zwei wichtige Tugenden in dieser Zeit.

Das Abendgebet in der Dresdener Kreuzkirche im Mai 1980: Frère Roger, Bischof Schaffran, Jugendpfarrer Ziemer, ein Vertreter der orthodoxen Kirche und Landesbischof Dr. Hempel

Bei einem Spaziergang am Elbufer, das Haus wurde abgehört, unterhielten sich Frère Roger und der Landesbischof über die Situation in der DDR. Zwischen beiden Männern entstand ein tiefes Vertrauen. Viele Verbindungen sind in dieser Zeit mit Taizé geknüpft worden.
Jugendliche in Rußland und bald in ganz Osteuropa hatten sich untereinander verabredet, an jedem Freitagabend in ihrem Ort vor einem Kreuz zu beten. Auf diese Weise wollten sie ihre Verbundenheit untereinander ausdrücken, aber auch mit dem Auferstandenen, der überall auf der Erde mit den Menschen leidet, die Schweres durchzumachen haben. Aus Moskau brachte Frère Roger diese zeichenhafte Handlung mit, die jeden Freitagabend im Mittelpunkt auch des Abendgebetes in Taizé steht. Mit der Stirn wird das Holz des Kreuzes berührt, das auf dem Boden liegt, um „so die eigenen Lasten und die der anderen Christus zu überlassen, der bis zum Ende der Zeiten zusammen mit den Menschen im Todeskampf liegt". Am Samstagabend wird dann im Schein vieler Kerzen die Auferstehung gefeiert werden.

Das Fest der Lichter in Taize am Samstagabend

Immer wieder gab es Schwierigkeiten zu bewältigen, und manchmal waren die Mauern kaum zu überwinden. Der russische Überwachungsapparat verhinderte in Moskau den Kontakt zwischen Frère Roger und den Jugendlichen. Zwar gingen sie immer wieder in dem verabredeten Park auf und ab, aber zu einem Gespräch kam es nicht, die Geheimpolizei gab ihnen keine Möglichkeit. In Prag und Budapest wurde es ihm verboten, mit den Jugendlichen zu beten und zu singen, er konnte sie lediglich einzeln begrüßen und leise sagen: „Christus ist auferstanden".

Der orthodoxe Theologe Olivier Clément erklärt, warum für die Christen seiner Kirche Taizé so wichtig geworden ist. Die Kirche des Ostens hatte in der Vergangenheit sehr gelitten unter der Macht und der Arroganz der westlichen Kirche. Auf diese Weise immer wieder verletzt, hat sie sich zurückgezogen, hinzu kam die Jahrzehnte lange Unterdrückung durch den Kommunismus. In Taizé haben sie eine neue Erfahrung gemacht: „Sie fühlen sich hier willkommen, geachtet und geliebt. Hier finden sie einen Westen, der sie nicht erobern und nicht bekehren will – wie das im Lauf der Geschichte oft der Fall war –, der sich nicht als etwas Besseres vorkommt, sondern ihr Zeugnis ernst nimmt." Und zugleich erleben sie, dass es dort Christen gibt, die mit ihnen gemeinsam beten und schweigen, die mit ihnen klagen und loben und die aus denselben Quellen schöpfen wie sie, der Heiligen Schrift. Zusammen erfahren sie, dass Versöhnung möglich wird. Es geschieht, was Frère Roger einmal so beschrieben hat: „Wenn die Kirche zuhört, heilt und versöhnt, wird sie zu dem, was sie ist, wo es in ihr am hellsten leuchtet, lauterer Widerschein einer Liebe."

Die Frage, wie die Kirchen des Osten und des Westens wieder zueinander Vertrauen finden können, hat Frère Roger schon früh beschäftigt. Er erinnerte sich, wie während des Ersten Weltkrieges russische Flüchtlinge zu ihnen in den Ort kamen. Seine Mutter lud einige von ihnen ein, und sie erzählten ihr von dem Leid, das sie erlebt hatten. Später besuchte Frère Roger immer wieder eine russisch-orthodoxe Kirche, in deren Nähe er wohnte. Er hörte die reiche und klangvolle Liturgie und versuchte dabei in den Gesichtern der russischen Christen zu lesen und ihre Not zu verstehen. Das Fest der Auferstehung ist für die orthodoxe Kirche das zentrale Fest des Glaubens. Darauf weist sie die Kirche des Westens sehr eindrücklich hin. „Die Güte des Herzens ist für viele von ihnen Inbegriff des Lebens", sagte Frère Roger über die Jugendlichen. Und als sie aus Russland, Weißrussland, der Ukraine, aus Serbien und Bulgarien nach Taizé kamen, hatte er sie mit offenen Armen empfangen. Nicht zufällig tragen die Erweiterungsbauten der Kirche der Versöhnung die typischen Zwiebeltürme der Ostkirche und gehören zum Inneren die Ikonenbilder. Die erste, eine Marienikone, wurde 1962 von dem Metropoliten Nikodim von St. Petersburg während einer langen Liturgie gesegnet.

Die Marienikone in Taizé wurde von Frère Éric gemalt

1986 besuchte Frère Roger Ostberlin und betete sowohl in der evangelischen Marienkirche am Alexanderplatz wie auch in der römisch-katholischen Hedwigskirche. Eine lange Schlange bildete sich vor der Kreuzesikone, bei der die Jugendlichen ihre Sorgen ablegten. All die Schwierigkeiten, die ihnen der Staat ständig machte, hatte sie nicht mutlos machen können. Danach reiste der Prior weiter nach Warschau, wo ihn die Katholische Fakultät mit der Ehrendoktorwürde auszeichnete. Damit wurde er für seine Verdienste um die Einheit der Christen, aber auch für seine herzliche Verbundenheit mit den jungen Polen geehrt.
1987 kam es dann zum ersten Ost-West-Jugendtreffen. 22000 Menschen kamen dazu in die slowenische Stadt Lubljana, darunter auch viele Jugendliche aus der DDR. In zwei großen Kirchen und einem weiten Zelt sammelten sich die Gäste. In den Gebeten hörte man vorherrschend die slawischen Sprachen, neben Slowenisch auch Mazedonisch und Serbokroatisch, dazu Albanisch, Ungarisch und Polnisch. Der Vielvölkerstaat Jugoslawien rückte enger zusammen, für die Jugendlichen im Süden war Slowenien schon fast Ausland.
Zwei Jahre später lud das südungarische Pécs ein. Über tausend Teilnehmer aus der DDR konnten daran teilnehmen. Und durfte sechs Jahre zuvor Frère Roger nicht öffentlich sprechen, so wurde nun vor dem Budapester Stephansdom eine Lautsprecheranlage installiert, damit auch jene seine Worte hören konnten, die in der überfüllten Kirche keinen Platz mehr fanden.
Der Osten bröckelte, im selben Jahr noch fiel die Mauer und hob sich der eiserne Vorhang. Für viele Menschen war das auch ein Schritt im Glauben. „Sie standen auf und stießen mit bloßen Händen die Mauern aus Angst und Demütigung um", kommentierte Frère Roger die Ereignisse. Es folgten Jugendtreffen in der polnischen Metropole Breslau und in der tschechischen Hauptstadt Prag. Der Staatspräsident

Vaclav Havel sagte in seiner Grußbotschaft, dass während der Jahrzehnte totalitärer Herrschaft die geistlichen Werte verloren gegangen seien. Es gelte nun, wieder die Quellen des Glaubens zu suchen. „Unsere Zeit tiefgreifender Umwälzungen führt uns zu einer vollkommenen Veränderung unseres Lebens. Sie drängt uns, den wahren Sinn des Lebens zu suchen, ohne die Opfer zu scheuen, die dazu nötig sind." 80000 Jugendliche kamen in der Moldaustadt zusammen, ein unübersehbares Zeichen des Aufbruchs.
Die Verantwortung für die ganze Welt hat Frère Roger nie aus den Augen verloren. Im Juli 1985 kam er mit dem damaligen Generalsekretär der Vereinten Nationen, Perez de Cuellar, zusammen. Dabei begleiteten ihn Kinder aus allen Kontinenten. Er sah sich als Anwalt derer, die sich nicht äußern konnten. Zugleich machte er so allerdings auch deutlich, dass die Politiker bei allen Entscheidungen und Handlungen die Zukunft der Kinder im Blick behalten sollten.
In dem sechsteiligen Fragenkatalog erkundigte er sich nach den grundlegenden Veränderungen der UNO, damit es zum Aufbau von Vertrauen zwischen den Völkern kommen kann. Und kann es Garantien geben, dass das Vertrauen nicht missbraucht wird? Wie kann ein neues Wirtschaftsrecht erarbeitet werden, damit Wohnverhältnisse, Gesundheit und Grundernährung auf derselben Stufe stehen wie die anderen Rechte? Er forderte eine weltweite Abrüstung und die dadurch frei werdenden Mittel für die immer größer werdende Anzahl der Menschen einzusetzen. Zuletzt fragte er: „Wer von den Erwachsenen wird sich verpflichten, den Jugendlichen unter die Arme zu greifen, um die unerlässlichen Veränderungen der UNO durchzuführen?"
Der Besuch bei der Vereinten Nation in New York war eine weitere wichtige Etappe auf dem „Pilgerweg des Vertrauens", der die Welt ein Stück näher zum Frieden bringen sollte, einem Frieden, wie der Generalsekretär erkannte, „der nicht lediglich Abwesenheit von Krieg ist, sondern

menschlicher Friede sein muss, der das Leben des Leibes wie des Geistes sich entfalten lässt".

Im selben Jahr fand im indischen Madras ein internationales Treffen mit Tausenden von Jugendlichen aus 45 Ländern statt. Frère Roger nannte es ein „Abenteuer des Vertrauens". Die Jugendlichen kamen aus ganz Asien, aber auch europäische Jugendliche besuchten in den verschiedensten Orten indische Jugendgruppen in ihren Kirchengemeinden. Sie erlebten eine ganz neue Welt und wurden so zu wirklichen Pilgern. Die Inder nahmen sie mit größter Herzlichkeit auf, wobei oft genug improvisiert werden musste. Und da in Madras keine Kirche groß genug war, um alle Menschen zu fassen, wurde aus Bambus ein riesiges Gebäude errichtet. Dort fanden die Gebete statt, zu deren Beginn ein Kind eine indische Lampe anzündete als Zeichen für Christus, das Licht, das sich jeden Tag im Herzen der Menschen entfacht. Die Grenzen der Kasten wurden in dieser Zeit aufgehoben. Singalesen und Tamilen, die sich im Krieg befanden, begegneten einander freundlich.

Es war in der Tat ein Abenteuer, ein Wagnis des Vertrauens, das belohnt wurde. Einer der indischen Bischöfe bestätigte den Brüdern in Taizé, dass das Treffen im Land bereits Früchte getragen hatte. „Die Jugendlichen in Madras haben gelernt, dass wir modern und doch zugleich Gott nahe sein können, das Gott eine lebendige Kraft mitten unter uns ist, dass die Einfachheit und das Vertrauen des Glaubens unveränderliche Werte sind, dass in der Liebe und in demütigem Dienst eine große Kraft liegen."

Der Pilgerweg des Vertrauens ist um die ganze Welt gegangen. Christen beschritten ihn in Kenia, Zaire und Uganda. Afrika fühlte sich Frère Roger in einem sehr besonderen Maße verbunden. 1978 besuchte er Kenia und sechs Jahre später die Sahelzone. Auch in Mexiko, Haiti, den USA, Kanada sowie Südkorea hatten sich Menschen auf den Weg gemacht.

Frère Roger begrüßt Papst Johannes Paul II. in Taizé

Am 5. Oktober 1986 erwartete nun Taizé selbst einen Pilger. Jugendliche hatten sich in der Nacht zuvor in der romanischen Kirche in einer Gebetswache abgewechselt. Am Morgen umhüllte dichter Nebel den Hügel, 7000 Menschen erwarteten den Gast: Papst Johannes Paul II. Schon 1962 waren sich der Prior und Karol Woityla beim II. Vatikanischen Konzil begegnet, sie beteten beide vor den Sitzungen in der Kapelle des Petersdomes. Als Woityla Erzbischof in Krakau war, lud er Frère Roger zur jährlichen Wallfahrt der oberschlesischen Bergarbeiter ein und besuchte im Gegenzug Taizé. Als er 1978 zum Papst gewählt wurde, empfing er wie seine Vorgänger jährlich den Prior zur Audienz. Weiterhin kamen jedes Jahr Brüder aus Taizé nach Rom. Die enge Verbindung zwischen dem Papst und der Communauté wurde weiter fortgesetzt. Johannes Paul II. kam nach Taizé wie „an den Rand einer Quelle". Er nahm auf dem strohgeflochtenen Holzstuhl Platz und sprach direkt zu den Jugendlichen. „Die Kirche braucht eure Begeisterung und eure Großzügigkeit, um der Welt die frohe Nachricht des Evangeliums zu bringen." Furcht und Überdruss, Routine und die Schwäche der Mitglieder haben den Elan erlahmen lassen. „Hier braucht die Kirche das Zeugnis eurer Hoffnung und eures leidenschaftlichen Einsatzes, um ihren Auftrag besser zu erfüllen."

Im Anschluss nutzte er die Zeit, um mit den Brüdern der Gemeinschaft persönlich und zwanglos zu sprechen. Seine vorbereitete Rede übergab er ihnen, sie ist ein Teil der „Quellen von Taizé" geworden. Darin heißt es: „Es ist mein Wunsch, das der Herr euch als einen anbrechenden Frühling, dass er euch klein, dass er euch in der evangelischen Freude und der Lauterkeit der brüderlichen Liebe bewahre." Und sollte jemand zuvor kritische Mahnungen erwartet haben, das Schreiben liest sich wie eine Ermutigung, so wie sie viele Jahre zuvor auch Johannes XXIII. ausgesprochen hatte.

Weiterhin machten sich Zehntausende von Jugendlichen nach einer Vorbereitungszeit in Taizé auf Pilgerwege quer durch Europa. Wien, München und Paris waren Stationen der nächsten europäischen Jugendtreffen. Überall wurden nach den Morgengebeten in den Gastgemeinden „Zeugen der Hoffnung" eingeladen, die von ihrem Engagement erzählten, um Obdachlosen zu helfen, Kranken und Behinderten, Alten und Kindern, Ausländern und Gefangenen ... Und immer wieder füllten die Menschen riesige Messehallen, um zum gemeinsamen Gebet zusammenzukommen.

In Stuttgart entdeckten 1997 evangelische und katholische Christen miteinander neu Möglichkeiten der Ökumene vor Ort. Beim Treffen in Hamburg 2003 setzten 40000 Jugendliche „ein Zeichen der Hoffnung und der Ermutigung in einer zerrissenen Welt".

Zum Jahreswechsel 2004/2005 war Lissabon Gastgeber. Wie immer gab es in der Silvesternacht ein „Gebet für den Weltfrieden und die Völker, die leiden". Und wie immer feierten danach bei einem einfachen, aber sehr fröhlichen „Fest der Nationen" Jugendliche zusammen, deren Väter, Großväter oder Urgroßväter sich einst im Krieg gegenüberstanden und aufeinander schießen mussten. „Wie können wir in unserem Alltag Träger des Vertrauens sein? Bin ich bereit, den anderen immer besser zu verstehen?", fragte Frère Roger angesichts der Dringlichkeit des Friedens. Längst nimmt der Pilgerweg etwas von jener „europäischen Öffentlichkeit" vorweg, nach der zunehmend gefragt wird. Er bleibt zur Zukunft hin offen: Mailand, Zagreb und dann vielleicht Berlin – und eines Tages womöglich auch Moskau. Nach einem Jugendtreffen in Kalkutta zieht er auch neue Kreise auf der südlichen Erdhälfte, hinüber nach Südamerika und Afrika.

Lebendiger Gott, wir preisen dich
für die unzähligen Frauen und Männer,
Jugendlichen und Kinder,
die überall auf der Erde Wege suchen,
Zeugen des Friedens,
des Vertrauens und der Versöhnung zu sein.
Gib, dass wir uns hier in der Folge
der Heiligen Zeugen Christi aller Zeiten,
seit den Aposteln und der Jungfrau Maria
bis heute, Tag für Tag bereit finden,
dem Geheimnis des Glaubens
Vertrauen zu schenken.

Frère Roger

9. Ankommen und sich auf den Weg machen

Wer heute nach Taizé kommt, erhält ein Blatt mit folgendem Text:

> *„Du bist nach Taizé gekommen – denke daran, dass es zur Berufung der Communauté gehört, dich aufzunehmen, damit du im Gebet, in betrachtender Stille und im Austausch mit anderen zu den Quellen Gottes gehen kannst ... Du bist gekommen, weil du einen Sinn für dein Leben suchst. Ein Geheimnis Christi ist es, dass er dich zuerst geliebt hat. Der Sinn deines Lebens liegt darin verborgen, dass du für immer geliebt, dass du mit dem Verzeihen, dem Vertrauen Christi überkleidet bist. So kannst du das Wagnis eingehen, dein Leben hinzugeben."*

Die ersten Besucher kommen im Februar, es sind die sogenannten „Fastnachtsflüchter". In dem Haus „La Morada"

werden sie empfangen, mit einem Plan und den wichtigsten Informationen ausgestattet. Zunächst sind es nur Hunderte, in den Oster- und Pfingstferien sind es dann schon Tausende. An den Wochenenden kommen 2000 bis 3000 Menschen zusammen. Die Zahl der Gäste steigt ständig, im Sommer sind es bis zu 6000 pro Woche. Die Wiese vor der Kirche der Versöhnung verwandelt sich zu einer Zeltstadt. Ein babylonischer Sprachgewirr breitet sich auf dem Hügel aus. Jugendliche und auch Erwachsene aus allen Teilen der Welt kommen nach Taizé, meist für eine Woche, einige auch nur für ein paar Tage, eine Reihe Jugendlicher bleibt für mehrere Wochen und Monate. Viele kehren immer wieder hierhin zurück, für manche gehört dieser Aufenthalt zum Jahresrhythmus. Und einige bleiben hier für immer. Im Herbst nimmt dann wieder die Zahl der Teilnehmer ab. Die ersten Brüder fahren in die europäische Großstadt, um mitzuhelfen, das nächste Jugendtreffen vorzubereiten, das um die Jahreswende stattfindet.
Warum so viele Jugendliche nach Taizé kommen, ist eine Frage, auf die eine letzte Antwort noch nicht gefunden worden ist. Frère Roger konnte nur mit den Achseln zucken, als ihn Papst Paul VI., dem selbst die Jugendlichen so wichtig waren, danach fragte. Einen Schlüssel gibt es nicht, und Taizé macht es den Jugendlichen auch nicht unbedingt leicht. Wer meint, es erwarte ihn hier eine ständige Fête, der wird seinen Irrtum spätestens bei der Ankunft bemerken. Von ihm wird erwartet, dass er Arbeiten übernimmt, in der Küche hilft, beim Reinigungsdienst mitmacht. Jeder bekommt seine Aufgabe, denn Angestellte hat Taizé keine. Die Gemeinschaft ist darauf angewiesen, dass sich jeder Gast mitbeteiligt. Aber vielleicht beginnt schon hier, was das Geheimnis dieses Ortes ausmacht. Es wächst das Gefühl von Gemeinschaft, von der jeder spürt, dass er hier aufgenommen wird und dazugehören darf. Er erlebt, dass er ein Teil der großen Menschheitsfamilie ist, die in Taizé

ihr Gleichnis gefunden hat. Es gehört zum Gleichnis, dass es auf etwas Größeres hinweist, aber zugleich schon in der Gegenwart real und konkret ist. Sie erfahren, wonach sie sich und alle anderen sehnen, ein Miteinander von Menschen der unterschiedlichsten Völker und Nationen. In Taizé ist die Geschichte von der babylonischen Sprachverwirrung und Zerstreuung umgedreht worden. In dem Gespräch zur Verleihung des Frankfurter Buchpreises hat Frère Roger auf die Verwandtschaft von Kommunikation und Kommunion hingewiesen. Für ihn war die Kirche das Sinnbild der Gemeinschaft aller Völker und Nationen, sie ist die Einheit, die im Leib Christi begründet ist und ihn ausmacht. Das Pfingstfest feiert das Kommen des Heiligen Geistes, er hat die babylonische Sprachverwirrung und Zerstreuung aufgehoben. Das ist das Fest der Kirche, ein „Fest ohne Ende", wie Frère Roger einmal gesagt hat, ein Fest, das ansteckt. Das Feuer der Liebe Christi entfacht die Herzen der Menschen, und sie werden gesandt, dieses Licht weiterzutragen, selbst in die größte und letzte Dunkelheit der Menschen hinein.
Es sind die Worte, diese einfachen und doch poetischen Worte, die Jugendliche wie Erwachsene berühren. Sie künden von der Liebe Gottes und der Schönheit des Glaubens. Frère Roger hatte selbst den Begriff der Armut selten gebraucht. Sie sei keine Tugend, sagte er, und er wusste, wie hässlich und entstellend sie sein kann. Er sprach von der Einfachheit, die mit der Schönheit in keinem Widerspruch steht, im Gegenteil, vielleicht kann sie sich sogar gerade in der Einfachheit entfalten. Das Evangelium redet in einfachen, aber wunderbaren Worten von der Herrlichkeit Gottes, die Psalmen finden unzählige Weisen, um seine Schönheit zu preisen. Taizé stimmt in dieses Lob ein, und diese Freude erfüllt ihre Gebete und Gesänge.
Was den Worten aber ihr Gewicht gibt, ist das Leben, das sie trägt. Jugendliche suchen nach Authentizität. Die

großen Frieden und Gerechtigkeit beschwörenden Worte kennen sie alle. Sie aber suchen nach Menschen, die sie leben, konkret und glaubwürdig. Diese Authentizität ist der Grund ihres Kommens, und sie spüren, dass die Männer der Communauté immer wieder nach den Quellen des Glaubens suchen, aus ihnen schöpfen und davon leben. Sie finden keine fertigen Antworten vor, alles, was sie sehen und hören, ist vorläufig, jedoch nicht beliebig. Es ist noch nicht abgeschlossen, aber auch nicht zufällig.

Was ist wichtig im Leben? Was soll für mich zählen, wofür werde ich mich einsetzen? Was ist mein Platz in der Welt? Sie werden hier nicht unbedingt letztgültige Antworten erhalten, aber sie werden ein wichtiges Stück vorangekommen sein. Vor allem aber werden sie erfahren haben, dass es sich lohnt, eine Antwort zu finden, und dass es Sinn macht, konsequent den Weg zu gehen, auf den man sich gemacht hat.

Frère Roger hat wohl nicht zuletzt die Jugendlichen so gut verstanden, weil er selbst auf der Suche war. Er hat zwei Erfahrungen miteinander verbunden, die für ihn zusammengehörten: die Erfahrung der Gemeinschaft und des Glaubens. Aus diesen Anfängen hat sich geradlinig die Communauté entwickelt. Ihr ging es von Anfang nicht um dogmatische und ethische Lehre, sondern um Leben. Die Gemeinschaft lebt eine Religion des Herzens und nicht nur des Verstandes. Sie zielt nicht auf Belehrung ab, sondern sucht die Begegnung.

Der Prior war klug genug, die Gefahren zu sehen, in die er sich mit seiner Gemeinschaft begeben konnte. Reichtum und Größe verleiten zu Macht und führen zu Abhängigkeit. Nur in einer kleinen Gruppe mit einfachen und überschaubaren Strukturen lässt sich leben, was ihm wichtig war: die sichtbare Einheit der Kirche. Er wusste sehr wohl, dass die Gemeinschaft evangelischer Brüder auch den Kontakt zur römisch-katholischen Kirchen suchen musste. Er

hatte sich auf ein mutiges Experiment eingelassen. Aber weil sein Wirken von einem ehrlichen und leidenschaftlichen Engagement erfüllt war, konnte es diese Kreise ziehen. Es entstand jene einmalige Gemeinschaft, die heute evangelische, römisch-katholische und anglikanische Brüder umfasst. Es ist diese gelebte Ökumene, die nicht nur Jugendliche beeindruckt, sondern von der die Kirchenvertreter aller Konfessionen nur zu gut wissen, dass die Kirche diese Gemeinschaft braucht, denn sie hält ihr das Ziel vor Augen, zu dem sie unterwegs sind.
Jugendliche, die nach Taizé kommen, staunen bisweilen über sich, sie kennen sich selbst nicht wieder oder entdecken sich neu. Wird zu Hause der sonntägliche Gottesdienst eher als Last empfunden, so finden sie sich unversehens regelmäßig zu den drei täglichen Gebeten in der Kirche der

Anfangs saßen die Brüder der Communauté direkt vor dem Altar, als ihre Zahl immer größer wurde, haben sie ihren Platz in der Mitte des Kirchenschiffes gefunden, durch bepflanzte Blumenkästen von der übrigen Gemeinde getrennt.

Versöhnung wieder. Sie gliedern den Tagesablauf und sind zugleich die Mitte des gemeinsamen Lebens. Am Morgen läuten die Glocken zum ersten Mal, um zum Gebet um 8.15 Uhr einzuladen. Die Kirche der Versöhnung füllt sich langsam, in der Mitte nehmen nacheinander die Brüder der Communauté Platz. In ihren weißen Gewändern heben sie sich aus der Menge heraus. Nach der liturgischen Farbenlehre ist es die Farbe des Lichtes und der Freude, sie zeigt ihre Verbundenheit mit Jesus Christus. Am Ende hat der Prior seinen Sitz. Frère Roger war stets von Kindern umgeben. Ihre vertrauensvolle Offenheit nahm ihm seine Befangenheit. In ihrer Gemeinschaft fühlte er sich wohl. Er litt an den Wunden, die ihnen oft schon früh und unschuldig zugefügt worden waren. Er wollte, dass sie wieder Vertrauen finden und jene Liebe erfahren, die Gott gerade den Ärmsten der Armen und den Schwachen schenkt.
Ein Bruder stimmt den ersten Gesang an, und vielstimmig wird er aufgenommen. Oft ist er zunächst in lateinischer Sprache abgefasst, nicht so sehr aus traditionelle Gründen – im Mittelalter war Latein die Sprache der Kirche in Europa –, sondern weil sie die leicht aussprechbare Grundform vieler europäischen Sprachen ist. Es folgen Übertragungen in Französisch, Englisch, Deutsch, Polnisch, Russisch ... die Sprachen sind manchmal nicht mehr zu zählen. Jeder soll sich angesprochen fühlen und wird hineingenommen in das Lob, und zugleich erlebt er sich als Teil dieser großen Völkergemeinschaft. Die Texte sind kurz und einfach, aber ebenso poetisch und schön. Frère Roger wollte einst Schriftsteller werden; man merkt es seinen Texten an, sie sind, obwohl sie konkret sind, voller Poesie. Dies gilt ebenso für die Liturgie von Taizé.
Die Gebete und Gesänge schöpfen aus der reichen Tradition des Glaubens. Der Schweizer Theologe Carl Schnetzer erkennt im Psalmgebet die Herkunft aus dem Kloster, der Choral verweist auf die Reformation, die Stille entstammt

der mystischen Tradition. Nicht zu vergessen sind dabei die Hymnen, die wir der orthodoxen Kirche verdanken. In den Gebeten verschmelzen all diese Traditionen und werden zu einem Erlebnis, das die Besucher so mit hineinnimmt, dass sie nicht mehr Gäste sind, sondern zu „Gottes Hausgenossen" werden, wie es der Epheserbrief einmal formuliert hat. So können die Gebete zu einer Heimat werden und Geborgenheit schenken. Für manche ist das Schweigen das Herzstück, das gelesene Wort fällt in die Stille und erfüllt sie. Im Nachdenken berühren sie unser Leben und werden sie zu unseren Worten. Auf der Suche nach Sinn und Zukunft werden sie zu Orientierungspunkten. Frère Roger legte großen Wert darauf, dass die ausgewählten Bibeltexte klar und verständlich waren, eindeutig und nachvollziehbar.
Die Not des Gebetes hatte Frère Roger schon früh erfahren. Er hat nach Worten gesucht und sie nach erst nach schwerem Ringen gefunden, schlichte Worte, die aber sein Schicksal getragen haben. So wusste er auch, dass bereits das Schweigen ein Gebet sein kann, in dem Gott in uns spricht. Ja, schon das einfache Verlangen kann den Anfang des Glaubens bilden. Das Gebet kann ein Neubeginn sein, wie ein Atemholen, in dem uns Kraft von außen zuströmt, eine Kraft, die unser Leben tragen kann.
„Wer singt, betet doppelt", sagte vor anderthalb Jahrtausenden ein Christ. Die Gesänge von Taizé haben in unzähligen Gemeinden Einzug gehalten. Selbst wer von der Gemeinschaft in Burgund kaum etwas weiß, kennt sie und hat sie oft auch schon gesungen. Im Evangelischen Gesangbuch haben die Lieder einen festen Platz bekommen. Sie sind einfach gestaltet und doch kleine Kunstwerke, sie nehmen wie die Liturgie den Reichtum der europäischen Tradition auf. Elemente des deutschen Barock sind ebenso zu erkennen wie die der französischen Romantik, sie verbinden sich mit slawischen Melodiestücken. Das Faszinierende aber ist, dass sie zu einer neuen Einheit zusam-

menschmelzen. Was Taizé ausmacht, findet hier seine besondere Form. Ihre Melodien erkunden den Raum, machen ihn vertraut und lassen die Sängerinnen und Sänger in ihm heimisch werden. Dabei sind die Gesänge alles andere als eintönig, sie sind voller überraschender Wendungen und auch recht unterschiedlich aufgebaut. Eines aber ist ihnen allen gemeinsam: Sie sind eine Einladung, miteinzustimmen. Sie verkünden die Schönheit Gottes, die Freude der Erde und die Hoffnung auf eine Zukunft, in die wir voller Vertrauen gehen dürfen. Man hat von ihnen gesagt, dass in ihnen die Zeit aufgehoben wird. Sollte das stimmen, dann geschieht in ihnen etwas von dem, was für die Ewigkeit gilt. Gott hebt unsere Zeit auf, unser Leben erfährt Entgrenzung. Auf jeden Fall aber nehmen uns die Gesänge mit, und sie begleiten uns. Sie klingen in uns nach, auch wenn wir schon längst die Kirche der Versöhnung verlassen haben. Wir nehmen sie mit nach Hause, und sie begleiten uns in unseren Alltag hinein. Das Gebet geht weiter.

Nach dem Mittagsgebet um 12.20 Uhr: die Essensausgabe

Jugendliche und Erwachsene bringen sie in ihre Gemeinde. Einmal in der Woche wird in Taizé ein Werkstatttreffen angeboten, um auch ganz praktische Hinweise zu geben.
Nach dem Morgengebet kommen die Gruppen, aufgeteilt nach Sprachen, zusammen. Zunächst gibt einer der Brüder eine Einführung in einen Bibeltext, er erklärt ihn in seinem Zusammenhang und gibt eine Deutungshilfe. Danach findet in der Gruppe ein Gespräch über den Text statt. Was hat der Text mit mir zu tun, ist die Frage, die eine Fülle von Antworten erhält, denn so verschieden die Menschen sind, die da zusammenkommen, so unterschiedlich sind auch die Erfahrungen, mit denen sie den Text betrachten. Der Austausch in dieser bunt zusammengewürfelten Gemeinschaft kann Impulse setzen, er kann anregen, sich zu Hause zu engagieren, in einer Gruppe für Menschenrechte oder Bewahrung der Schöpfung, in einem Betreuungskreis für Asylsuchende oder Behinderte, es kann auch zu Vorbereitungsgruppen für Bibel- und Gebetskreise kommen. Das alles kann geschehen und geschieht oft genug auch, aber es wird nicht erwartet, es ist keine Bedingung. Das ist das andere, das Taizé ausmacht. Es ist, wie die Gebete, absichtslos, aber gerade darin scheint das Geheimnis seines Wirkens zu liegen. Zusätzlich bieten die Brüder auch ein Programm mit je drei Großthemen an. Daneben kann man auch an einer Woche in Gebet und Schweigen teilnehmen oder auch für nur zwei Tage, von Freitag bis Sonntag, in die Stille gehen. In dieser Zeit steht ein Bruder für das Gespräch zur Verfügung.
Nach dem Mittagsgebet trifft man sich zum Essen. Für manche ist das Herz Taizés die Küche. Hier müssen alle anpacken. Geduldig stehen die Jugendlichen in langen Reihen. Das Mahl ist einfach, aber es reicht. Bei Tisch unterhält man sich weiter, man tauscht sich aus, man lernt voneinander und miteinander. Adressen werden ausgetauscht, Freundschaften entstehen über Grenzen hinweg.

Wer kein Zelt mitgebracht hat, findet in Großzelten oder einer der Hütten eine Unterkunft. Bereits 1966 haben die Schwestern von Saint-André, ein vor über 750 Jahren gegründeter römisch-katholischer Orden, einen Großteil der Organisation übernommen. In dem Dorf Ameugny haben sie ihr Haus. Für die Teilnehmerinnen sind sie die Ansprechpartnerinnen für ein Gespräch.
Nachmittags kommen kleine Themengruppen zusammen, oder man sucht im Garten der Stille, der Quelle „St. Etienne", Ruhe zum Nachdenken und zur Meditation. Um 20.30 Uhr läuten die Glocken zum Abendgebet. Im Anschluss stehen die Brüder den Jugendlichen und Erwachsenen in der Kirche, sowohl in der Kirche der Versöhnung als auch in der romanischen Dorfkirche, zum Gespräch zur Verfügung.

Eine der Quellen von Taizé ist die Beschäftigung mit der Bibel. Nach der Einführung in den jeweiligen Text durch einen Bruder der Gemeinschaft tauschen sich die Jugendlichen und Erwachsenen untereinander aus.

Christus und ein unbekannter Freund, Kopie einer koptischen Ikone aus dem siebten Jahrhundert

In der Kirche der Versöhnung befindet sich die Nachbildung einer koptischen Ikone aus dem siebten Jahrhundert. Sie zeigt Christus, wie er seinen Arm um die Schulter eines unbekannten Freundes legt. Er steht ihm nicht gegenüber, sondern neben ihm, er begleitet ihn. „Jeder von uns ist dieser unbekannte Freund", schrieb Frère Roger über diese Ikone. Jugendliche finden in Taizé diese bedingungs- und absichtslose Offenheit, nach der sie sich sehnen. Sie stoßen nicht auf Erwartungen und Forderungen. Das Vertrauen, das ihnen entgegengebracht wird, öffnet sie für das Gespräch, und sie können sich – vielleicht zum ersten Mal in ihrem Leben – jemandem anvertrauen.
Die Brüder der Communauté verstehen sich als Wegbegleiter. Sie wissen, dass Taizé nur eine Etappe im langen Leben eines Menschen ist, und sie sind sich der Verantwortung bewusst, dass jede Station auch eine Weiche für die Zukunft sein kann.

Wir leben immer im Aufbruch, unser Leben ist eine ständige Pilgerschaft. Aber gerade deswegen brauchen wir diese Quellen; brauchen wir Orte, um Kraft zu schöpfen; benötigen wir diese Zusage, die uns wieder zuversichtlich aufbrechen lässt.
Von Anfang an lebte die Communauté von ihrer eigenen Hände Arbeit, in ihr ergänzen sich die verschiedenen Fähigkeiten und Talente. Dabei wird darauf Wert gelegt, dass jeder seine Stärken einbringen und entfalten kann. In dem Verkaufsraum „Exposition" können Töpferwaren, Bücher und Schriften, Karten und Poster sowie CDs, DVDs und Videos erworben werden. Der Erlös aus dem Verkauf trägt zum Erhalt Taizés bei. Für Unterkunft und Verpflegung wird nur ein geringes Entgelt berechnet. Spenden werden nicht angenommen, und Erbschaften werden an die Armen weitergegeben. Was dem Vater von Frère Roger einst abenteuerlich angemutet hat, hat sich durch Jahrzehnte hindurch bewährt. Es hat der Gemeinschaft jene finanzielle Unabhängigkeit gewährleistet, die sie gerade für junge Leute glaubwürdig macht.
Am Freitagabend sammeln sich in Taizé die Gottesdienstbesucher um die Kreuzikone. Sie vertrauen ihr das eigene Leid an und verbinden sich mit allen Menschen der Erde, die Unrecht erleiden oder in Not sind. Am Samstagabend ertönt das „Christus resurrexit – Christus ist auferstanden". Zur Feier des Auferstandenen werden Kerzen entzündet. Sie erinnern an die Berufung der Christen, „Licht der Welt" zu sein. Am Sonntag wird dann in einem festlichen Gottesdienst die Auferstehung Christi gefeiert. Auf unserem Weg geht uns der Gekreuzigte und Auferstandene immer schon voraus. Er hat sich als Pilger aufgemacht, um die Menschen in der Welt mit sich zu versöhnen.
Am Sonntag treten viele Besucher wieder den Heimweg an, sie setzen ihren Pilgerweg fort, der sie wieder in den Alltag führt. Die Gesänge von Taizé klingen in ihnen nach.

10. Taizé – der ewige Frühling

„Mit Frieden im Herzen wird es möglich, aufrecht zu bleiben, für andere Risiken einzugehen und den Weg neu aufzunehmen, wenn Fehlschläge, leidvolle Prüfungen und entmutigende Erfahrungen schwer auf den Schultern lasten. Dieser Frieden in der Tiefe des Menschen erleichtert es auch, die Schöpfung und die Geschöpfe mit einem Blick voll Poesie zu sehen", sagte Frère Roger, als er 1988 den UNESCO-Preis für Friedenserziehung erhielt. Und er forderte die Menschen auf, alle Kräfte zu vereinigen, um die Erde bewohnbar zu machen.

Sein Leben und Wirken war ein Beweis der Gegenwart Gottes in Güte und Versöhnung, eines unermüdlichen Einsatzes für Frieden und Gerechtigkeit in der Welt. So war auch die Liste der Gratulanten lang, die ihm am 12. Mai 2005 zum Geburtstag gratulierten. Er war ein geduldiger Zuhörer, er hatte ein Gespür für die Fragen und Herausforderungen der Zeit, und er suchte die Antworten in jener Quelle, aus der er selbst Kraft für sein Leben schöpfte. Dass jeder mit Gott verbunden ist, war seine feste Überzeugung gewesen, seine Güte und Barmherzigkeit gilt jedem Menschen. Am Ende seines Lebens war es ein symbolträchtiges Zeichen, dass der Kardinaldekan Joseph Ratzinger, der kurze Zeit danach zu Papst Benedikt XVI. gewählt wurde, ihm, dem Protestanten, der sich zeit seines Lebens nicht scheute, die Nähe des Bischofs von Rom zu suchen, die Eucharistie reichte. Dabei war es nicht die Tatsache selbst – schon 25 Jahre zuvor hatte Frère Roger im Petersdom die Kommunion empfangen –, aber dass es nun vor den Augen der versammelten Weltöffentlichkeit geschah, ließ die Christen beider Konfessionen aufhorchen.

Nur gut vier Monate später, am 16. August 2005, wurde der Prior von einer offenbar geistig verwirrten Frau beim Abendgebet in der Kirche der Versöhnung ermordet. Frère

François, einer der älteren Brüder, verlas das Bibelwort: „Kostbar ist in den Augen des Herrn das Sterben seiner Frommen". An den folgenden Tagen wurde der Leichnam nachmittags in der Kirche aufgebahrt, damit all jene, die mit ihm verbunden waren, Abschied nehmen konnten. An die 12000 Menschen nahmen am Gottesdienst am 23. August teil, dem die Beisetzung im engsten Kreis der Brüder folgte.

Im Gottesdienst erinnerte Frère Alois, der neue Prior von Taizé, daran, dass für Frère Roger die Güte des Herzens ein zentraler Wert des Evangeliums war. Er selbst „hatte ein Herz für alle Menschen aus allen Nationen, insbesondere für die Jugendlichen und die Kinder." Und der Prior fügte hinzu: „Wir möchten in seinem Sinn weiterleben." In das anschließende Gebet wurde auch die Attentäterin eingeschlossen. Nach weiteren Reden stimmten die Vertreter der orthodoxen Kirche den Auferstehungshymnus an, während die Kinder zu den Gottesdienstbesuchern gingen und die Kerzen in ihrem Händen anzündeten.

Auf dem Friedhof von Taizé, auf dem auch seine Mutter beerdigt worden ist, hat Frère Roger sein Grab gefunden. Ein schlichtes Holzkreuz neben dem anderer Brüder kennzeichnet seine letzte Ruhestätte.

Am Nachmittag seines Todestages rief Frère Roger einen Bruder zu sich, um ihm noch einige Gedanken für den „Brief aus Taizé" zu diktieren. Er musste aber mitten im Satz abbrechen, er war zu müde. So blieb dieser Brief, der bei dem Jugendtreffen in Mailand gelesen werden sollte, unvollendet.
Um den Frieden sollte es in diesem Jahr gehen. Der Friede, der Gott den Herzen schenkt, lässt uns einen hoffnungsvollen Blick auf die Welt richten, selbst dorthin, wo Gewalt und Konflikte sie zu zerreißen drohen. Und dann kam er zu jener Aussage, die all seine Überlegungen immer wieder bestimmte: „Gott ist Liebe." Es war die Mitte seines Glaubens. „Wenn wir allein diese drei Wörter begreifen, kommen wir weit, sehr weit." In seinem Leben hatte er diese Wörter durchbuchstabiert, und sie haben ihn weit gebracht. Das Herz dessen, der liebt, wird grenzenlose Güte ausstrahlen, und er wird in die Lage versetzt, zu verzeihen und zu versöhnen. Wird er aber auch trösten können?
Frère Roger erinnerte sich: „In dem kleinen Bergdorf, in dem ich geboren wurde, wohnte ganz in der Nähe unseres Hauses eine vielköpfige und sehr arme Familie. Die Mutter war gestorben. Eines der Kinder, etwas jünger als ich, kam häufig zu uns; es liebte meine Mutter, als wäre es seine eigene. Eines Tages wurde ihm eröffnet, dass sie wegziehen, und es fiel ihm schwer, das Dorf zu verlassen. Wie soll man ein fünf- oder sechsjähriges Kind trösten? Es war, als hätte es nicht den nötigen Abstand, eine solche Trennung einzusehen."
Dann führte er weiter aus: „Kurz vor seinem Tod versichert Jesus den Seinen, dass ihnen Tröstung zuteil wird: Er wird ihnen den Heiligen Geist senden, der ihnen Beistand und Tröster und stets nahe sein wird. Auch heute sagt er leise im Herzen eines jeden Menschen: ich lasse dich niemals allein, ich sende dir den Heiligen Geist; selbst wenn du tief verzweifelt bist, bleibe ich bei dir."

Schon früh wurde Frère Alois von Frère Roger zum Nachfolger vorgesehen. Wie bei seinem Vorgänger sammeln sich auch bei ihm die Kinder während des Gebetes in der Kirche und suchen seine Nähe.

Frère Alois (* 11. Juni 1954)

Als zweites von drei Kindern kam Alois Löser 1954 im bayrischen Ehingen zur Welt, wurde katholisch getauft und wuchs in Stuttgart auf. Enge Kontakte hielt er zur evangelischen Gemeinde, beschäftigte sich mit Dietrich Bonhoeffer und fühlte sich besonders von dessen Forderung der Nachfolge angesprochen. Ihm wurde bewusst, dass Glaube etwas ist, dass unseren ganzen Lebenseinsatz braucht. Mit Freunden aus der Pfarrjugend kam der Sechzehnjährige das erste Mal nach Taizé. Hier erkannte er, dass in der Communauté die Nachfolge gelebt wurde, von der Bonhoeffer schrieb.

Mit neunzehn Jahren entschied sich Alois Löser, ein Jahr in Taizé zu leben, und 1978 legte er sein Gelübde ab. Frère Roger sagte schon da dem 24jährigen, dass er eines Tages die Communauté leiten würde. Frère Alois studierte in Lyon katholische Theologie, jedoch ohne Priester zu werden. Er hielt den Kontakt zur DDR und den anderen osteuropäischen Ländern; Reisen führten ihn auch auf andere Erdteile. „Wir müssen nicht nur über die Probleme nachdenken, wir müssen zu den Leuten hingehen, zuhören und mitleben", erklärte er mit Blick auf die Situation der Armen und Unterdrückten in der Welt. Frère Alois war ferner zuständig für die europäischen Jugendtreffen. Er ist ein begeisterter Gitarrenspieler und hat eine Reihe von Taizé-Gesängen komponiert. Frère Roger weihte 1998 die Communauté in seine Entscheidung ein, Frère Alois zu seinem Nachfolger zu bestimmen, und beauftragte ihn im Einvernehmen mit dem Bruderrat. Nach der Ermordung Frère Rogers übernahm Frère Alois ohne großes Zeremoniell das Amt des Priors. Freunde schätzen an ihm seine Freude, Einfachheit und Barmherzigkeit sowie sein inniges Gottvertrauen. „Unsere Aufgabe ist es, die Einheit im Gebet vorwegzunehmen."

Gegen Ende schrieb Frère Roger: „Den Trost des Heiligen Geistes empfangen, heißt darauf aus sein, sich in Stille und Frieden ihm zu überlassen. Wenn dann manchmal Schlimmes geschieht, wird es möglich, darüber hinwegzukommen."

Der Heilige Geist lässt uns immer wieder aufbrechen, von Neubeginn zu Neubeginn gehen wir in eine Zukunft des Friedens. „In dem Maße, in dem unsere Communauté in der Menschheitsfamilie Möglichkeiten schafft, ... auszuweiten..." Mitten im Satz bricht der Brief ab. Am Abend dieses Tages, an dem er darüber nachdachte, wie das Werk fortgeführt und ausgeweitet werden könnte, ist er ermordet worden.

Andere haben seine Botschaft weitergetragen, der „Unvollendete Brief" wurde in Mailand verteilt. In vielen Gesprächen wurde gemeinsam darüber nachgedacht, wie sich der Friede, den Gott uns geschenkt hat, im Alltag und in der Welt auswirken kann; was wir dazu beitragen können, damit unter uns Frieden möglich wird. Am Abend kamen wieder Zehntausende in den Messehalle zusammen, um für den Frieden zu beten. Das Gebet darf nicht enden, es darf nie unterbrochen werden.

Längst sind die Brüder nach Taizé zurückgekehrt, einige werden sich wieder aufmachen, um unter den Ärmsten zu leben, andere werden neue Gruppen empfangen. Der Pilgerweg des Vertrauens ist noch nicht zu Ende, in Taizé ist es wieder Frühling.

„Vielleicht", so hat Frère Roger einmal gemutmaßt, „sind wir noch am Anfang, vielleicht sind wir immer wieder am Anfang." Es ist wie ein ewiger Frühling. Frère Wolfgang, einer der Brüder aus Deutschland, sagte in einem Gespräch: „Frère Rogers Samenkorn ist in die Erde gefallen. Die Brüder können es nicht ängstlich bewahren, sie werden sich ebenfalls aussäen, wie es ihr Gründer tat. Er ist nicht allein geblieben. Sie werden es auch nicht sein."

Am 22. April 1978 schrieb Frère Roger in sein Tagebuch:

Sehr oft waren es ein einziger Mann oder eine einzige Frau, die es wagten, allein in einer Kirche zu beten, mit ihrer Ausdauer für andere ein lebendiger Aufruf. Es genügt ein Einziger, und eines Tages werden viele auf denselben Weg geführt.

Jésus notre espérance, sans avoir encore
la claire vision, et même dans l'obscurité,
tu nous donnes d'avancer par la foi.
Et, sans t'avoir vu, nous t'aimons.

Jesus, unsere Hoffnung, ohne dass wir schon klar sehen, und selbst in der Dunkelheit lässt du uns im Glauben vorankommen. Und ohne dich gesehen zu haben, lieben wir dich.

Taizé

Informationen und praktische Hinweise in 27 Sprachen befinden sich auf der Internetseite www.taize.fr

Adresse für Jugendtreffen:
Jugendtreffen, Communauté de Taizé,
71250 Taizé, Frankreich

Telefon 0033/ 385 50 30 03
(Montag bis Freitag 11-12,
18-19 Uhr, Samstag 11-12 Uhr)
Fax: 0033/ 385 50 30 16

Adresse der Communauté:
Communauté de Taizé, 71250 Taizé, Frankreich

Telefon:: 0033/ 385 50 30 30
Fax: 0033/ 385 50 30 15

Über die Internetseite können auch E-Mail-Nachrichten nach Taizé geschickt werden.

Der „Brief aus Taizé" mit Berichten, Meditationen und Bibelstellen für jeden Tag erscheint alle zwei Monate. Er kann auch abonniert werden.

Die Bücher von Frère Roger sind im Verlag Herder Freiburg im Breisgau erschienen: www.herder.de

Bildnachweis:

9, 22, 50, 74, 82, 87, 90, 91, 92, 100 Sabine Leutenegger; 11, 39, 76, 95 Werner Milstein; 14, 17, 19, 34, 42, 54, 60, 64, 80 Taizé; 28 Toni Schneiders; 33 Taizé; 46 CIRIC; 68 Peter Wessely; 73 Bund/ Bohm; 98 Wiesia Klemens